【千と千尋の神隠し】を演奏しよう

人間オーケストラ
体は楽器だ!

リズム遊びもあるよ!

髙橋寬・田中ふみ子 編著

いかだ社

はじめに

　この本に書かれていることは、誰がその通りに実行しても、指導者や参加者たちの目指すものの違いによっては、結果はさまざまなものになるでしょう。ただ、達成感と喜びというものは同じです。
　その意味で、この本は「人間オーケストラ」を創るマニュアル本であって、そうでないとも言えるのです。
　私たちが創りあげた「天童市民1000人による人間オーケストラ」の演奏・映像は、NHKの全国放送直後から、予想をはるかに超える反響を得ました。各地の小・中学校の先生やPTAの方から「ぜひ、資料を送って欲しい。やり方を教えて！」というお手紙やFAXが殺到したのです。
　演出メモ、メイキング・ビデオ、編曲された楽譜などをお送りしながら、その後どうしているかなあ……と思っていたところに、いかだ社から、人間オーケストラの本を書いてみませんか、とのお話があったのです。
　私たちは原稿を書きすすめる過程で、編集担当者にいくつかのアドヴァイスをもらいました。わかったのは「現場で自分の五感を総動員して指導する方が、ずっと簡単だ」ということでした。文章にして伝えることは、難しい。向いていないジャンルなのかもしれないとも感じました。
　ともあれ、音楽的な基礎知識などあまり持たずとも、この本を読めば「私にもできるかもしれない」と思ってもらえる程度には、書けたつもりです。
　私たちの勤務する羽陽学園短期大学（天童市）は、男女共学の幼児教育科、つまり未来の保育所・幼稚園の先生や、老人や障害者のケアをする施設の先生を養成する教育機関です。入試の際には音楽の能力は問われませんが、卒業時には「コミュニケーションの手段として、音楽を使ってゆける」程度には身に付くように、いろいろな努力をし、カリキュラムに工夫を凝らしています。
　この本の記述は、音楽大学等で専門的に音楽を学んだ方にとっては、まどろっこしく感じられるかもしれませんが、それは、より多くの人に、音楽の楽しさを「人間オーケストラ」を創る体験を通して、味わってもらいたい一心からなのです。
　世の中の多くの若者たちは、1．自分の感性と価値観に基づき、2．同じそれを持つ仲間との連帯感にひたり、3．それを世に認められたい……という行動をくり返しています。古くは学生運動であり、暴

走族であり、今はストリート・ミュージック、それもア・カペラ・コーラスや、YOSAKOI踊りなどでしょう。

　特に、民放のTV番組をきっかけにした、ここ数年の「ア・カペラ・コーラス」（通称ハモネプ）のブームは、音楽の基礎を学んだ香りの残っているグループほど"ダサク"映ってしまうほど、自己表現、自己解放の手段としての「音楽」のすばらしさを伝えていると思います。

　この本を使って、子どもや仲間たちと「人間オーケストラ」を創ってみようと考える読者は、既に指導者、または指導者的立場にいると想定し、文中にときどき「指導しすぎないこと」「助言程度に留めること」「いっしょに楽しみ創ろう」などと記しました。

　音楽を専門的に学び、特殊な能力を持ってはいても、それは個性の一つに過ぎないことを、指導者は自覚してください。

　「人間オーケストラ」は、ア・カペラ・コーラスや、リズム・セッション、躍動的な踊りなど、道具を一切使わない、人間の身体の内側からの欲求を外に出すことによって成り立ちます。

　そのときに、音楽や踊りやスポーツの専門的能力が、指導者の心身の中で形骸化している場合には、一般の人たち（専門的知識や能力をあまり持っていない大多数の参加者）との間に、大きな感性のズレが生じることでしょう。

　その場合、プライドを捨てて、彼らの感性の素晴らしさを味わい、自分もその中に入れてもらおうと考えるか、彼らを自分のプライドの許容範囲である結果まで強引に連れ込もうとするかは、指導者の大きな分岐点となるはずです。

　願わくは、「手前（てめえ）の面が曲がっているのに、鏡を責めて何になる」という故・中村俊一氏（演出家、劇団「仲間」創設者、髙橋の芝居の師）の言葉のように、自身を振り返り、再構築してゆく糧（かて）として、参加する人々すべてがこの「人間オーケストラ」の体験を活用してくれることを！！

　もし、数年後に「人間オーケストラ・全国大会」などという企画が持ち上がっても、参加者は競い合わず、お互いを味わい楽しむという集まりになればよいなあ……と夢はつきません。

　社会の世代間のコミュニケーションが、少しでも円滑になるための一助になることを願い、本書を著しました。

2002年夏

羽陽学園短期大学幼児教育科
音楽研究室　髙橋　寛　田中ふみ子

目次

はじめに 2

第1章 体が楽器だっ！
- LESSON1　人間オーケストラって何だろう？ 6
- LESSON2　音探し 7
- LESSON3　声の出し方、いろいろな音 12
- LESSON4　リズム・アンサンブル 13
- LESSON5　自然界の音を表現する 15
- LESSON6　リズムをつくる 16
- LESSON7　ハーモニーを考える 17
- LESSON8　表現方法の練習 22
- LESSON9　歌いながらリズム・アンサンブル 25

第2章 映画『千と千尋の神隠し』の主題歌
「いつも何度でも」を人間オーケストラで演奏する
1. 練習のタイムスケジュール 30
2. 選曲〜題材選び〜の重要ポイント 31
3. 練習のすすめ方 32
4. ビデオ録画は効果的 33
5. 誰もが主役になる演出 34
6. 発表するという目標を持つ 36
7. いよいよ発表！ 37
8. 演奏は基本のワルツから華やかなサンバへ 40
9. 総スコアを使って練習する 46

●ワルツ編●
- 第1回　音探し、メロディーを歌う① 46
- 第2回　音探し、メロディーを歌う② 47
- 第3回　ア・カペラ三部合唱 48
- 第4回　三部合唱と5度のハーモニー遊び 49
- 第5回　合唱とリズムパート、分担して合わせる 51
- 第6回　歌いながらリズムを打つ 54
- 第7回　前奏部分を練習 54
- 第8回　全体を通してミニ発表会 56
- 第9回　完成〜まとめの発表〜 57

●サンバ編●
- 第1回　メロディーをサンバのリズムで歌う 59
- 第2回　ア・カペラ三部合唱 62
- 第3回　サンバのリズムパート 67
- 第4回　リズムパートの発表 71
- 第5回　歌いながら、ステップを踏む、そしてリズムを打つ 73
- 第6回　各グループごとのミニ発表会 74
- 第7回　つなぎ部分の練習 75
- 第8回　発表のリハーサル 76
- 第9回　完成〜ついに発表〜 77

10 全員で「いつも何度でも」を人間オーケストラで演奏する 78
　　総スコア 79

あとがきにかえて 92

第1章
体が楽器だっ！

LESSON 1　人間オーケストラって何だろう？

　私たちは、NHK衛星放送テレビ『熱血ふるさと対抗　千人の力コンテスト』という番組に「体が楽器」というテーマのもとに参加しました。

　映画『千と千尋の神隠し』のテーマ曲「いつも何度でも」を取り上げ、幼稚園児、学生、市役所や駅につとめる人々、さまざまなサークル活動をしている人たちに声をかけ、楽器を使わずに、体のあらゆる部分を使って音を出すボディ・ミュージックを奏でました。

　1000人とはいわず、幼稚園の中で、あるいは学校のクラスで、気のあう仲間どうしで、「体で奏でる」音楽を体験してみてください。1人だけではかすかな音でも、5人、10人、20人……と集まれば、ドラマチックな音、ひそやかな音、気持ちのいい音、恐ろしい音など、いろいろな表現が可能になります。そして単純なリズムでも組み合わせ方次第で、おもしろい音楽が生まれます。

　人間オーケストラは、元気なかけ声や手遊びとともに、リズムにのりながら手・肩・足などをたたいたりこすったりして出る音を創っては直し、創り変えてゆく楽しさ、皆で心を合わせて奏でる喜びを、全身を使って表現する創造活動なのです。

第1章　体が楽器だっ！

LESSON 2　音探し

自分の体を使って、どんな音が出せるでしょうか。
例えば、声を出す、体をたたく、こする、振る、なでるなどの動作で、
さまざまな音を出すことができます。
音を出すための難しい練習は、必要ありません。まず、人間の体から
どんな音が出せるのか実際に音を探しながら、その響きと動きを楽しんでみましょう。

遊び方

●手のひらを使う

両手のひらをたいらにして打ち合わせる
パパパパ……

両手のひらを丸くして打ち合わせる
パンパンパンパン……

両手をこすり合わせる
シュワシュワシュワ……

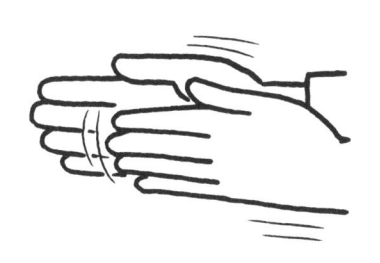

あまり響かない乾いた感じの短めの音ですが、力の強さ、打つ速さ、手の角度を変えるといろいろな音が出ます。

よく響く大きな音が出ます。手のひらの空間の大きさで響き方が変わります。

手の形、角度、速さを微妙に変えていくとおもしろい音が楽しめます。

●手の甲を使う

手のひらと手の甲を打ち合わせる
パパパパ……

手の甲どうしを打ち合わせる
タタタタ……

響く音が出ますが、手の甲はたたくと痛いので、あまり強くはたたけませんね。

にぶく弱めの音が出ます。

● **指先だけを使う**

人さし指どうしで打ち合わせる（pp）
トトトトト……

耳を近づけないと聞こえないくらい、響かない小さな音。

人さし指と中指どうしで打ち合わせる（p）
トントントントン……

少し大きい音。お医者さんが背中をトントンするときのような音。

真ん中の3本の指で打ち合わせる（mp）
タンタンタンタン……

少し響くけれど、かたい音。

親指以外の4本の指で打ち合わせる（mf）
タンタンタンタン……

真ん中の3本の指で合わせたときより低い音。

5本の指先だけを打ち合わせる（p）
コンコンコンコン……

響きの少ない小さな音。

pp	ごく弱く
p	弱く
mp	やや弱く
mf	やや強く

8

第1章 体が楽器だっ!

● **手で体のいろんな部分をたたいたり、こすったりする**

両手の指で頭を軽くたたく
コンコンコンコン……

両方の手のひらでほほを軽くたたく
パタパタパタパタ……

手のひらで腕（肩から手先まで）をたたく
パタパタパタパタ……

自分にはよく聞こえますが、他の人にはあまり聞こえない音です。

口の形で音色が微妙に変わります。

たたく場所が素肌と洋服では音色が違いますね。

手のひらで腕をこする（右手で左腕、または逆に）
シューッシューッ……

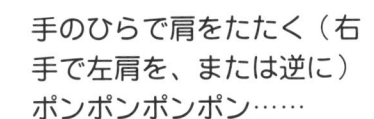

手のひらで肩をたたく（右手で左肩を、または逆に）
ポンポンポンポン……

手のひらで胸をたたく（両手で）
トントントントン……

こする場所が、素肌と洋服では音色が違いますね。

手のひらを丸くすると、よく響きます。

けっこう大きい音が出ます。

握りこぶしで胸をたたく
（両手で）
ドンドンドンドン……

手のひらでお腹をたたく
ボンボンボンボン……

両手のひらで背中をたたく
パンパンパンパン……

重い音。ゴリラがいばっているようです。

力の入れ具合で音が違いますね。

少し前かがみになってたたくと、響く音が出ます。

両手のひらで腰からおしりをたたく
パタパタパタパタ……

手のひらで太ももをたたく
タタタタ……

ゴミをはらうようにたたくと、響く大きい音が出ます。

たたく強さをかえると、いろいろな音が出ますね。

●着ている服の素材によっても、さまざまな音色が出ます。

第1章　体が楽器だっ！

●足を使う
足で床をこする
キュッキュッキュッ……

片足で床をたたく
ドンドンドンドン……

両足でジャンプする
ドーンドーンドーン……

その場で歩く
トントントントン……

その場でかけ足
タタタタタタタタ……

●はき物、床の素材によって、さまざまな音色が出ます。

　自分の体を使って音を出す……。手のたたき方を変えただけでも、響き方の違いがわかります。
　そんな遊びで発見した音、生み出した音をぜひ、発表しあって楽しみましょう。

LESSON 3 声の出し方、いろいろな音

口の形を変えてみたり、舌を使ったり、声の出し方によって、いろいろな音を出すことができます。オーケストラで使う楽器の音をまねてみたりしながら、楽しんでみましょう。

●声（唇）を使う

舌で上あごをたたく（無声音）
舌打ちでタタタタ……

声を出さないで上下の唇を合わせ破裂音を出す（無声音）
唇でパパパパ……

口笛
口をとがらせるようにして
ヒューヒューヒューヒュー

●楽器の音を表現する

ドラム　ツクツクツクツク……　タカタカタカタカ……　タタタタタタタタ……
マラカス　スッチャースッチャー　シャカシャカシャカシャカ……
　　　　　　　　　　　　　　　　　　　　　　（以上は、無声音で）
ベース　ブンブンブンブン……　ボンボンボンボン……　ビョーンビョーン……

実際の音をイメージしながら表現してみましょう。
楽器によって有声音と無声音、2通りの音の出し方が考えられます。

●かけ声、叫び声、その他

ヨーッ……　ハッ……　ハイッ……　ホッ……
（音程は尻上がりに）
・ハミングやスキャットでメロディーを歌う
・歌詞でメロディーを歌う

第1章　体が楽器だっ！

LESSON 4　リズム・アンサンブル

探した音を使って、簡単なリズムを3つ組み合わせて、
2拍子、3拍子のアンサンブルを楽しんでみましょう。
3つのパートにわけて、4小節を1セットとして練習し、合わせてみましょう。

遊び方

●2拍子のアンサンブル

Ⅰパートは左右の足で交互に床を踏みならします。

（足踏み）
トン　トン　トン　トン

Ⅱパートは両手を左右の肩の上で打ちならします。

（手のひら打ち合わせ）
パン　パン　パン　パン

Ⅲパートは左右のももを手のひらで交互にたたきます。

（もも打ち）
タッ　タ　タ　タッ　タ　タ

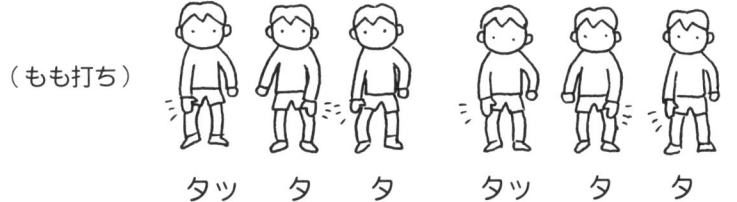

●4小節1セットで適当な長さをくり返します。指導者がコンダクター（指揮者）となり、強弱の変化をつけたり、速さ（テンポ）を変えて楽しんでみましょう。
●各パートの音を入れ替えてみます。同じように楽しんでみましょう。
　Ⅰパート→もも打ち、Ⅱパート→足踏み、Ⅲパート→手のひら打ち合わせ

●3拍子のアンサンブル

Ⅰパートは左右の手のひらで胸をたたきます。

ドン　ドン　ドン　ドン

Ⅱパートは左右の腕を交互に手のひらでこすります。

シュッ シュッ　シュッ シュッ　シュッ シュッ　シュッ シュッ

Ⅲパートは2人組になります。

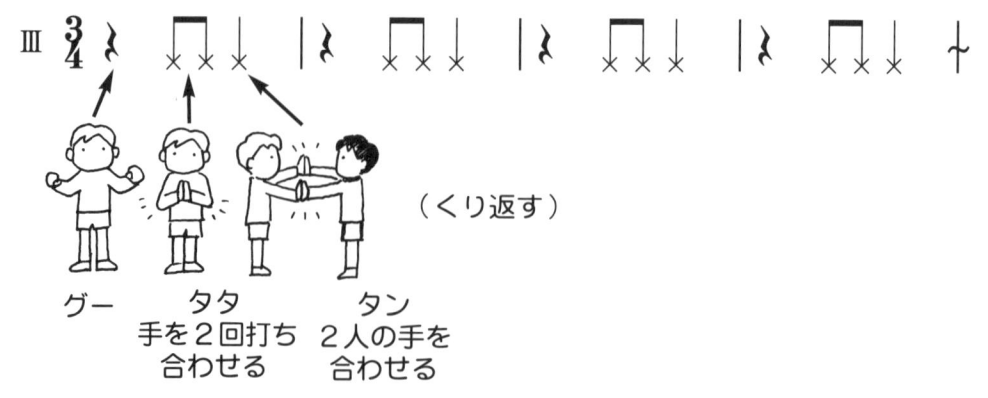

グー　タタ　タン
　　手を2回打ち　2人の手を
　　合わせる　　合わせる

（くり返す）

- ●2拍子と同じように、4小節を1セットでくり返します。指導者の指示で強弱の変化をつけたり、速さを変えて楽しみます。
- ●各パートの音を入れ替えて同じように楽しんでみましょう。
　　Ⅰパート→左右の腕を交互に手のひらでこする
　　Ⅱパート→2人組になる
　　Ⅲパート→左右の手のひらで胸をたたく
- ●2拍子、3拍子とも簡単に取り組めます。アンサンブルにしてみると「自分のリズムを保つ」ことや「相手の音を聞く」ことの大切さが、よりいっそう実感できると思います。

第1章 体が楽器だっ！

LESSON 5 自然界の音を表現する

人間の体からは、いろんな音が出せることがわかりました。
それでは、自然界にある音や、身のまわりのできごとなどを
音を使って表現して楽しんでみましょう。

遊び方

風
- 口笛　ヒューヒュー
- 手や腕をこする
- 両手を丸めて口元から息を吹きかける　ピューピュー

雨
- 口の中で舌で上あごをたたく　タンタン
- 手のひらで床をたたく（大雨）　ダダダダ……
- ほほをふくらませて指ではじく　ポンポン
- 床を手でつめを立ててたたく　タタタタ

雷
- ももを激しくたたく　バチバチバチバチ
- ジャンプして着地したときに「ドーン！」と声を出す
- 足踏みをする　バタバタ

虫
- くつで床をこする　キッキッキッ

鳥
- 上着をバタバタさせる（飛び立つ音）

1人ではささやかな音でも、クラス全員でするとどうなるでしょう。
他にもテーマを探して、イメージを即興的に音で表現してみましょう。
これらの音は、S.E.（Sound Effect）＝効果音になります。

LESSON 6　リズムをつくる

イメージを即興的に音で表現したものに一定のテンポと拍子を持たせ、
リズムをつくって遊んでみましょう。
クラス全員を4グループにわけて、あるいは4人でやってみても楽しいでしょう。

遊び方

例えばカレーライスをつくることをイメージしてみます。

●**野菜を切る音のイメージ**　　　　　　　　　　　リズム

にんじんを切る（トントントントン）

たまねぎをきざむ（タタタタ　タタタタ）

じゃがいもの皮をむく（シュッシュッシュッシュッ）

豚肉をいためる（ジュワーッシャッシャッ）

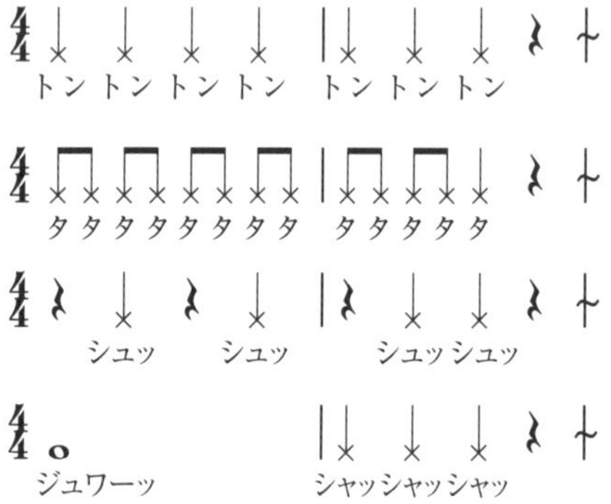

●**音の出し方**

にんじん　　　　　たまねぎ　　　　　じゃがいも　　　　豚肉

ももを左右交互に　両手を合わせ、手　　腕をこする　　　　口で言う
たたく　　　　　　についたごみをは
　　　　　　　　　らうような感じ

●**演奏方法**　　2小節を1セットとしてくり返す
1　音を重ねていく
　　にんじん（2セット）→たまねぎ（2セット）→じゃがいも
　　（2セット）→豚肉（2セット）→
2　4つのパートがそろったら、全員で適当な長さをくり返し
　　（だんだん強く）、指導者の指示で音を止める。
3　（全員でセリフ）「カレールーを入れて！」
　　再び全員で音を出して、適当な長さをくり返し（だんだん弱
　　く）、指導者が終わりを指示する。
4　（全員でセリフ）「できあがり！」

第1章 体が楽器だっ！

LESSON 7　ハーモニーを考える

演奏をしているうちに、1つのパートがなぜかだんだんとテンポを速め、他のパートと全く合わなくなったまま演奏が終わってしまったりすることがあります。
ここではテンポを維持しながら、全員の呼吸を合わせる大切さを体験してみましょう。

遊び方1

細かいリズムと速いテンポの違いを体験してみます。

① 声に出してみる

2人1組のグループをつくります。そして、1人に「1、2、3、4、5……10」と声を出して数えてもらいます。もう1人には「にー、しー、ろー、やー、とー」と数えてもらい、2人いっしょにカウントします。

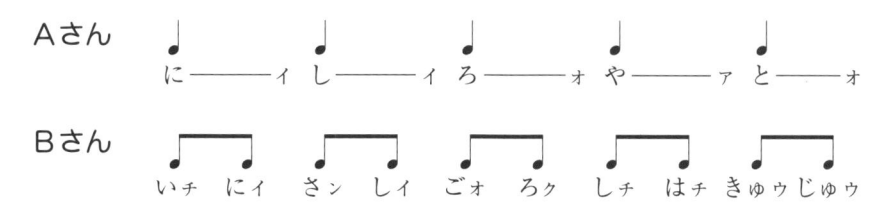

Aさん　に―――ィ　し―――ィ　ろ―――ォ　や―――ァ　と―――ォ

Bさん　いチ　にィ　サン　しィ　ごォ　ろク　しチ　はチ　きゅウ　じゅウ

> 音楽を集団で楽しむとき、テンポを保ちながら調和のとれた演奏をすることは大切ですが、それは意外に難しいことかもしれません。2人のカウントは合いましたか？
> 実際に練習してみると、なかなか難しいことがわかるはずです。

⇩ステップ1

② 歩いてみる

上の①と同じことを2人1組で歩いて体験してみましょう。つまり1人が1歩足を進める間に、もう1人は2歩進みます。ただし終点は同じになるように合わせます。

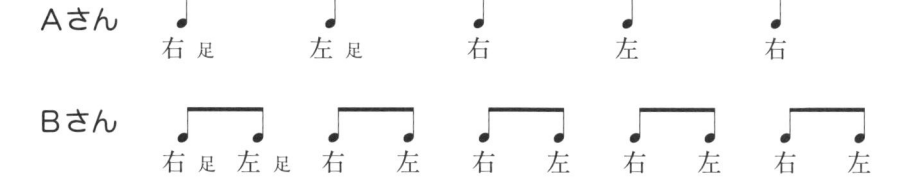

Aさん　右足　左足　右　左　右

Bさん　右足左足　右　左　右　左　右　左　右　左

> ここでわかることは、終点まで2人がいっしょに進みつつも、歩幅や歩数、身体のこごめ方などを考えなければ、同時に終点につくことができないということです。つまりテンポは同じでも、リズムが違うことを、2人で同時におこなうことで実体験できます。
> Aさん、Bさんの役割を交替しながら練習してみてください。

遊び方2

サンバなどの曲の演奏時に役立つ、3連音符のリズムを体験してみましょう。

① 2人1組で、1人が1歩進む間に、もう1人は3歩進みます。

Aさん 右足 左足
→
Bさん 右足 左足 右足 左 右 左

つい…こんなふうな間違いが……

Aさん
→ 右足 左足
Bさん 右足 左足 右足 左 右 左

うまくできましたか？
　これは案外難しいんじゃないかな。よく見てみると、1、2歩目だけが細かいステップ、3歩目をふみおろしてやや待つという間違った動きになっていませんか？
　間違った動きに気づいたら、次のステップを体験してみましょう。

⇩ ステップ2

② 2人1組になって、1人が2歩で歩く距離をもう1人は3歩で進む。

つまり、1歩目、4歩目、7歩目で踏む足のタイミングと距離を2人で合わせることを体験してみましょう。

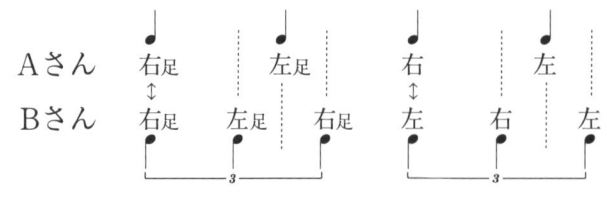

Aさん 右足 左足 右 左
Bさん 右足 左足 右足 左 右 左

つい…こんなふうな間違いが……

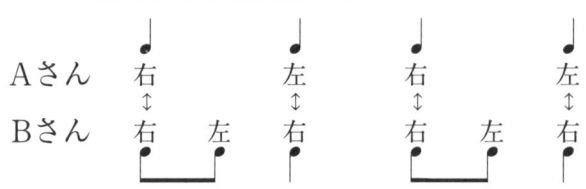

Aさん 右 左 右 左
Bさん 右 左 右 右 左 右

最初のうちは、1歩目と3歩目、4歩目と6歩目が合っている組があるはずです。
　正しい3連音符を体験するために、声を出して歩いてみましょう。

第1章　体が楽器だっ！

⬇ ステップ３

③　１人は、２歩進む間に「ゴリラ」を１回叫びながら歩いてみます。
　　右足と「ゴ」だけがぴたりと合うように歩きます。

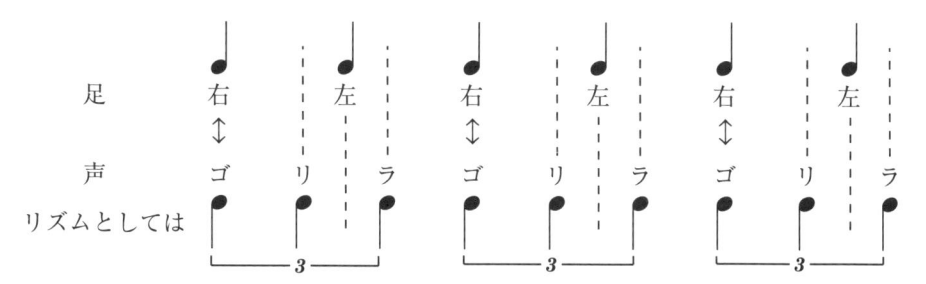

足　　　　　右　　　左　　　右　　　左　　　右　　　左
声　　　　　ゴ　リ　ラ　　ゴ　リ　ラ　　ゴ　リ　ラ
リズムとしては　　　3　　　　　3　　　　　3

次にもう１人には「タコ」と言いながら歩いてもらい、２人で合わせてみます。

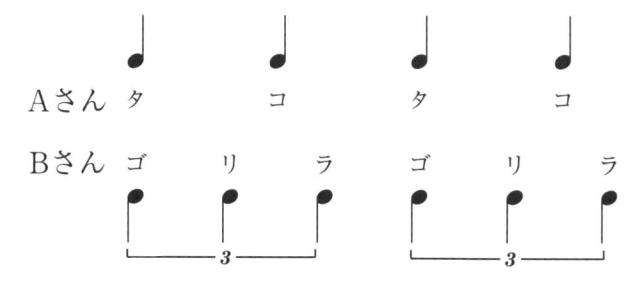

Aさん　タ　　　コ　　　タ　　　コ
Bさん　ゴ　リ　ラ　ゴ　リ　ラ
　　　　　　3　　　　　3

何度もくり返すうちに、息をはきながらのリズムの感覚をもつことができます。
パートを入れ替えて、何度も練習してみましょう。

遊び方3

2人1組で、それぞれ身体の前面で、両手で2つの円を描くように手を下から上へ打ちます。

Aさん　　　　　　大きな円　　　Bさん　　　　　　小さな円

ここでパチンとならす　　　　　　ここでパチンとならす

> Aさんが1回パチンと打つ間に、Bさんは2回打つ。Aさんは大きな円を、Bさんは円の大きさを半分にします。決して力で直線的に打つのではなく、円を描くように円の大きさを半分や3分の1にしながらリズムを楽しみます。
> 連続していく途中で、AとBを入れ替えて遊んでみましょう。

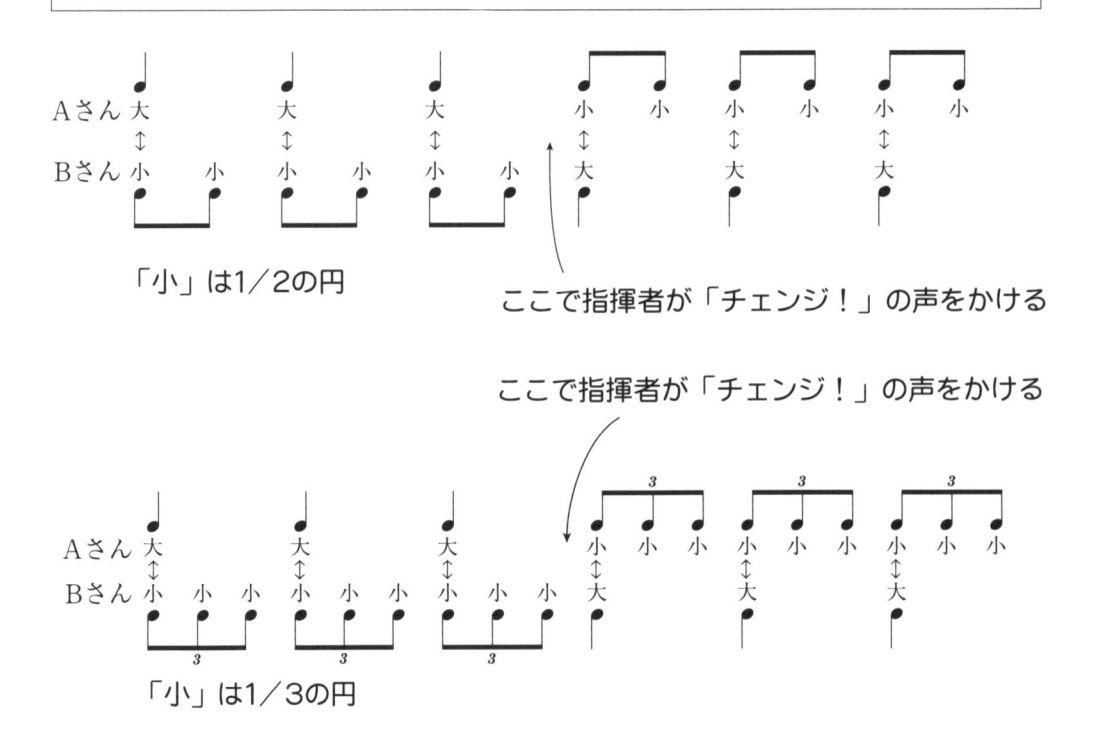

Aさん　大　　　　大　　　　大　　　小　小　小　小　小　小
Bさん　小　小　小　小　小　小　　　大　　　大　　　大

「小」は1/2の円

ここで指揮者が「チェンジ！」の声をかける

ここで指揮者が「チェンジ！」の声をかける

Aさん　大　　　　　大　　　　　大　　　　小 小 小　小 小 小　小 小 小
Bさん　小 小 小　小 小 小　小 小 小　　　大　　　　大　　　　大

「小」は1/3の円

> この練習は、はじめは全員を2組にわけて対面させて［A組とB組］でやると、お互いの円の大きさを認識できて効果的です。

第1章　体が楽器だっ！

遊び方4

「息を合わせる」という言葉の意味を理解させるために、次のような遊びをしてみましょう。

1　「お手を拝借、ヨー」と指導者が声をかけ、身体の前で手を打つ。
　　子どもたちも合わせて手を打つ
　　→ピッタリと合う！

2　1と同じ言葉と動作だけで、手のひらを寸前で止める（手は打たない）。
　　子どもたちは手を打ってしまう
　　→合わない！

3　言葉なしで呼吸だけはそのままで、オーケストラの指揮者のようにする。
　　やはり子どもたちは打ってしまう
　　→だいたい合う！

4　呼吸を止めて、手だけ打つ方法をとる。
　　手を打つ子もいれば、打たない子もいて、バラバラになってしまう
　　→合わない！

LESSON 8　表現方法の練習

3～5種類くらいのリズムパターンを用意し、具体的なイメージをもって
発音してみる。発語しやすい名詞、言葉をともなったものを提示し、
そのイメージに合った音で表現する体験をしてみよう。

遊び方

例えばテレビのアニメ、ドラえもんをイメージしながら、表現しましょう。
　リズムが声として身体になじむように練習します。そのとき指導者が、はじめは3/4の
リズムで歩きながら、声優顔負けの気持ちでしゃべってみせることが大切です。
　各グループごとに発表します。
　自己と他者を認め合うきっかけになり、楽しく表現方法を身につけることができます。

3/4のリズム

A　ノビタさん

イメージ
しずかちゃんが優しくノビタに呼びかける！

B　しぃ——ず　かちゃん　スネオがしずかちゃんを遊びに誘っている！

第1章 体が楽器だっ！

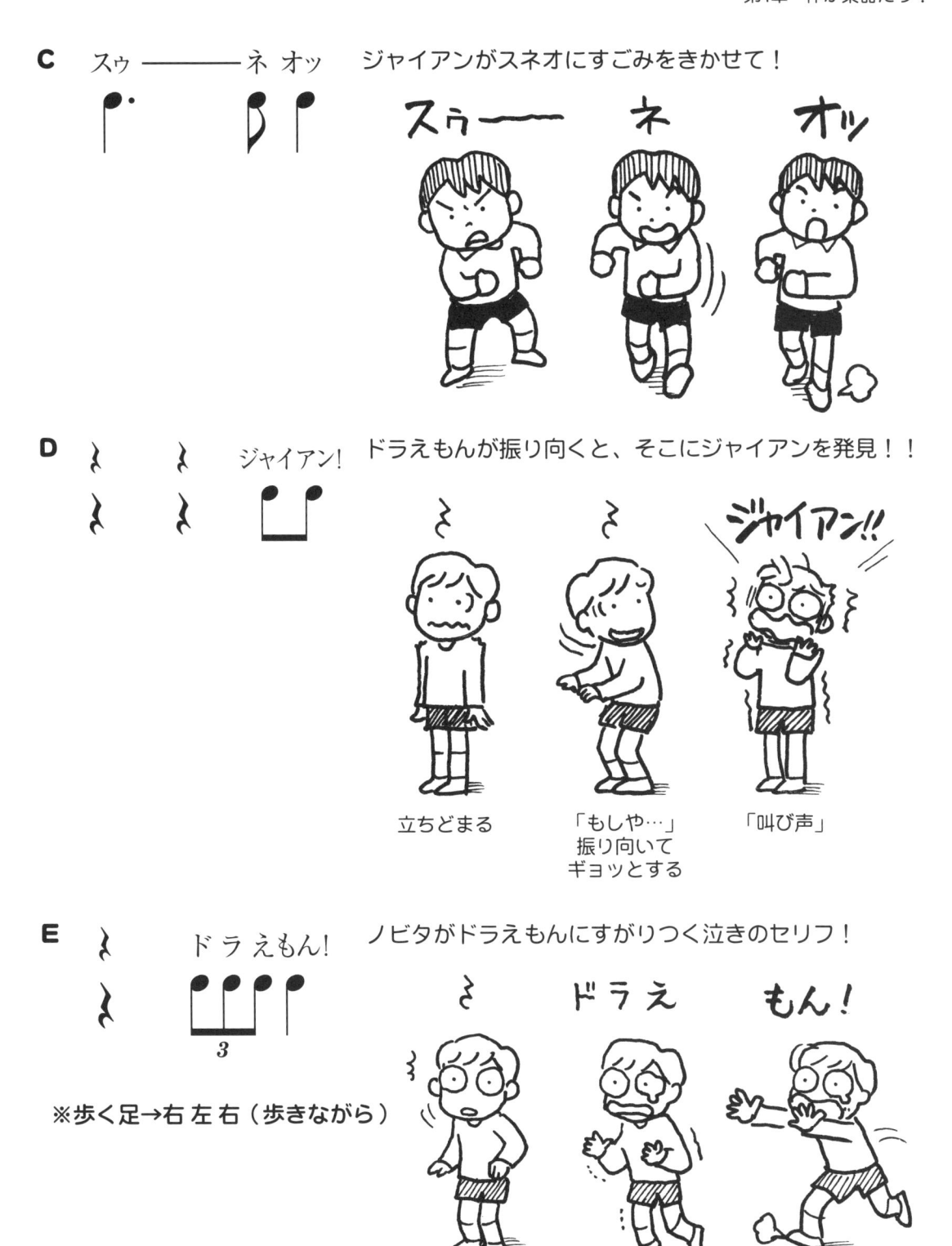

C　スゥ———ネ オッ　　ジャイアンがスネオにすごみをきかせて！

D　𝄽　𝄽　ジャイアン！　　ドラえもんが振り向くと、そこにジャイアンを発見！！

立ちどまる　　「もしや…」振り向いてギョッとする　　「叫び声」

E　𝄽　ドラえもん！　　ノビタがドラえもんにすがりつく泣きのセリフ！

※歩く足→右 左 右（歩きながら）

お祭りっぽい掛け声などでも遊べます。

4/4のリズム

A ヤッ　　トナッ(ハッ)ヨッ　　トナッ(ホッ)

盆踊りの振りつけをしながら、
シナをつけたりする

B カッ ポ レ カッ ポ レ ヨイ ヨイ ヨイ ヨイ

調子よく、元気よく！

C イ デ デ イ デ デ オッ　　ウッ

歩く足→右　　左　　右　　左

AやBを何回かやった後の
最後の部分で!!

踊りながらやっても楽しめます。3/4拍子も4/4拍子も、各組が出そろったら2組ぐらいずつ組み合わせてみると、おもしろさが増してゆきます。
徐々に組み合わせを増やしてみましょう。あとは、どんな曲（具体的な）にこれを合わせて構成してもいいですね。

第1章 体が楽器だっ！

LESSON 9 歌いながら リズム・アンサンブル

よく知られている「エーデルワイス」の曲を、全員で同じメロディーを
ア・カペラ・コーラスし、3つにわけた簡単なリズムパターンを合わせます。
はじめは全員で、Ⅰ、Ⅱ、Ⅲのパートを練習し、それからパートにわかれて合わせます。

① 全員でア・カペラ・コーラス
② 全員でⅠのパートのリズムパターン
③ 全員でⅡのパートのリズムパターン
④ 全員でⅢのパートのリズムパターン
⑤ ⅠⅡⅢのパートにわけてリズムパターン
⑥ 全員でア・カペラ・コーラスとⅠⅡⅢのリズムパターン

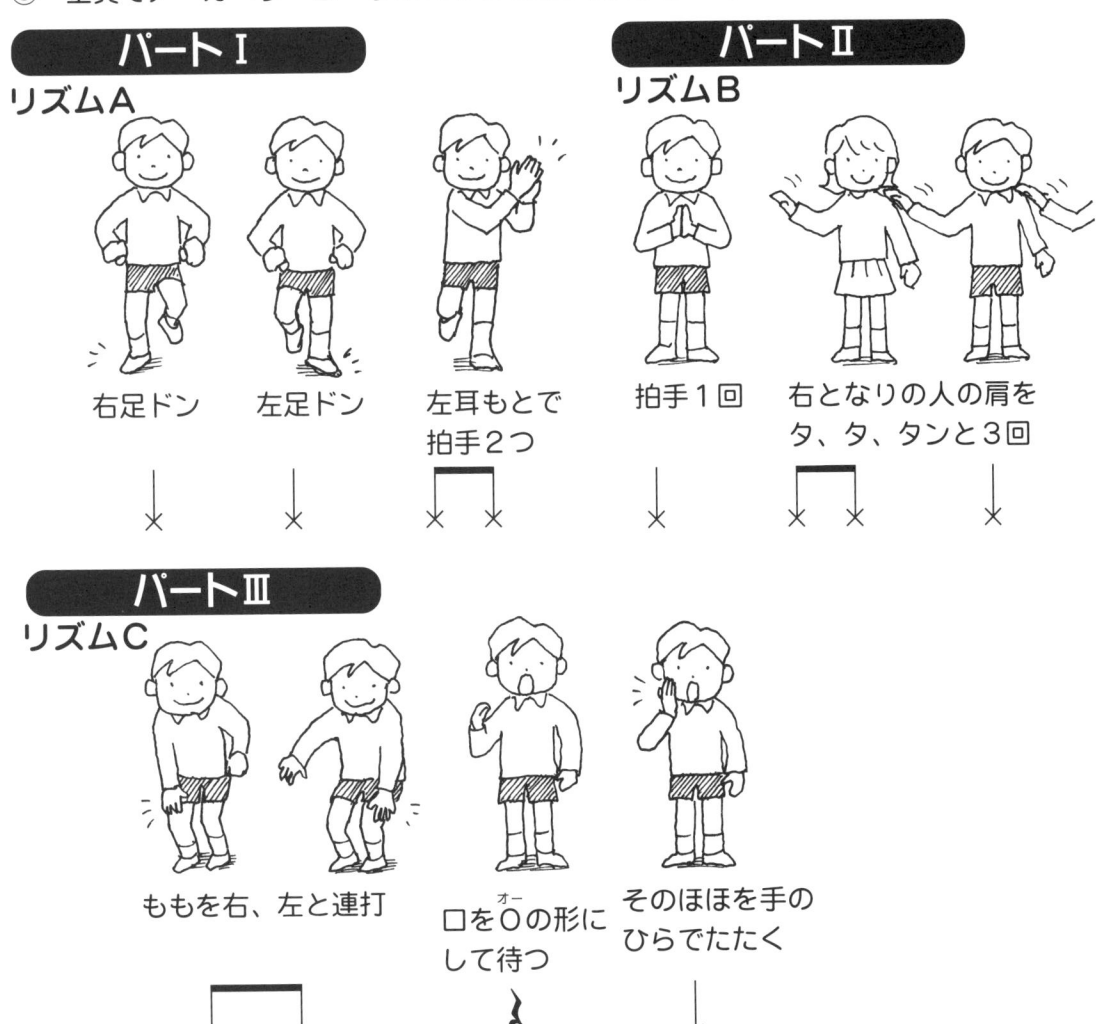

パートⅠ
リズムA

右足ドン　左足ドン　左耳もとで拍手2つ

パートⅡ
リズムB

拍手1回　右となりの人の肩をタ、タ、タンと3回

パートⅢ
リズムC

ももを右、左と連打　口をO(オー)の形にして待つ　そのほほを手のひらでたたく

エーデルワイス

日本語詞／阪田寛夫　作曲／R.ロジャーズ　編曲／たかはしかん

EDELWEISS
Lyrics by Oscar Hammerstein II / Music by Richard Rodgers
日本語詞：阪田寛夫
Copyright © 1959 by Richard Rodgers and Oscar Hammerstein II
Copyright Renewed
WILLIAMSON MUSIC owner of publication and allied rights throughout the world
International Copyright Secured All Rights Reserved

第1章 体が楽器だっ！

2

しろい　つゆに　ぬれて　さく
かなしい　こころ　なぐさめる

(リズム・Bに移行)
～お元気ですか？～

(リズム・Cに移行)
～「シメタ！」～

(リズム・Aに移行)
～フラメンコ～

3

はな　たかく　あおく　ひかる
はな　は　るか　アルプス　の　みね

(リズム・Cに移行)
～「シメタ！」～

(リズム・Aに移行)
～フラメンコ～

(リズム・Bに移行)
～お元気ですか？～

(リズム・Aに移行)
~フラメンコ~

(リズム・Bに移行)
~お元気ですか？~

(リズム・Cに移行)
~「シメタ！」~

歌詞：
あ　の　そ　ら　よ　り
ゆ　き　の　よ　う　に
エー　デル　ワイス

エー　デル　ワイス
あ　か　る　く　に　お　え
か　が　や　け　と　わ　に

最後の拍手は1回にします

※8小節ごとに、①からはⅠ＝A、Ⅱ＝B、Ⅲ＝Cのリズムを担当し、②からは各パートがⅠ＝B、Ⅱ＝C、Ⅲ＝Aとリズムを交替してゆく。以後、ローテーションを組んで楽しんでみよう！

第2章

映画『千と千尋の神隠し』の主題歌「いつも何度でも」を人間オーケストラで演奏する

人間オーケストラを発表するために、おおまかな発表までの流れやポイントを考えておきましょう。あとは、その練習の中で確認しながらすすめましょう。指導者は、すべてのできごとを楽しむ心意気で、練習しながらみんなで考えれば何とかなるサ……、くらいの気持ちですすめましょう。練習がダレてしまったりしたときなどは、再度パートをわけてみたり、違うパートを練習したり、上手に気分を変えながら変化をつけて頑張りましょう。

1 練習のタイムスケジュール

まず参加者をグループにわけます。
歌のパート別、リズム打ちのパート別などです。

1 ア・カペラ・コーラス―全員で歌う
 - グループごとにコーラス部分発表
 - 再集合して全員でコーラス

2 リズム打ちを考える
 - グループごとにリズム打ちを決めて練習
 - グループごとにリズム打ちを発表
 - 再集合して全員でリズム打ち

3 コーラスをしながらリズム打ち
 - グループごとにわかれて練習
 - グループごとにミニ発表会
 - 再集合して練習

4 AとB、BとC、AとCといった具合に2つのグループごとに合わせる
 - 全曲通して練習
 - ミニリハーサル

5 全員で発表

2 選曲〜題材選び〜の重要ポイント

1　みんな（参加者）が知っている楽曲、あるいは旬の音楽を使う

　「いつも何度でも」の曲は映画のヒット（『千と千尋の神隠し』）と同時か、あるいは先行して（ＴＶスポットなどで流されたため）、人々の耳に入っていました。
　一般の人たちにも認知度が高いものが演奏しやすいと思います。

2　いろんなタイプに編曲しやすい楽曲であること

　構成が平易である曲の方が編曲しやすい。
　「いつも何度でも」の曲は、パッヘルベルのカノンや、近年ヒットした「Believe」（NHK『生きもの地球紀行』のテーマ曲）などの作品とコード進行がほとんど同じで、それが3/4拍子になっているだけです。
　曲を知らなかった人が、編曲された作品に触れ、人間オーケストラの練習をすすめていくうちに、曲を愛するようになる可能性が大きいと判断できるものがよいでしょう。

```
コード進行
パッヘルベルのカノン→4/4        F        C        Dm       Am
「Believe」          →4/4  たとえば   君が     きずつい   て
「いつも何度でも」    →3/4  よんでいる むねの    どこか    おくで
```

3　詞の内容に共感でき、歌っただけでも楽しさが味わえる楽曲

　「いつも何度でも」の曲の詞は１番と２番では、ずいぶんと揺れがあり、展開がおもしろい。

　　　静→動、心の内面→心を外へ、過去を振り返る→未来へのはるかな思いと決意

　コーラスを演奏・発表するには、リズム・拍子・ビートなどに変化を持たせやすいものがよいでしょう。また、発表する人たちがその詞に共感して、よりテンションを上げて演奏できるだろうと思えるものがよいでしょう。

●参加者のニーズに合った選曲をすれば、うまくいく！！
●自分のセンサー、アンテナを常にみがいておく努力は必要だ！
●「音楽の専門家」という意識を捨てたところに身を置けば、参加者のニーズはキャッチできる！

3 練習のすすめ方

2つの方法があると思います。

（A）→ア・カペラ・コーラスをやってから、リズムパターンを加えてゆく。
（B）→テープ（CD）の演奏に合わせて、まずリズムパターンを遊び始める。あとで、できれば歌を加える。

　手っとり早いのは（B）の方法です。カセット・デッキなどで音楽を流して、それに合わせて身体でリズム音を出すという方法です。これはこれで楽しいと思います。
　でも、私たちがおすすめしたいのは（A）の方法です。詞を歌うことによって、その詞の内容に合った動き、その人の内面からわき出てくるパフォーマンスなどが発見でき、それをさらにおもしろいオーケストレーションへと発展させることができるからです。

1　ア・カペラ・コーラスで全員で練習

●曲の流れや歌詞の意味を考える
●グループごとに練習
●ミニ発表会やグループを2つだけ合わせたりして、それぞれの音をおぼえるようにする。
　（詳しくは、p38〜39、p44〜45に参考譜があります）

2 基本のリズムパターンをつくる

- ●音は身体の外に発生していくものがよいでしょう。例えばマイクを近づけなければ皆に聞こえないような音は、人間オーケストラにはあまり適していません。
- ●身体をたたいたり、こすったり、踏みならしたり…… ダイナミックな動きを伴った音の方が向いています。
- ●巻き舌をウラ声で長母音発声する"Ru〜"など、音符にしづらいものも効果的です。
  （詳しくは、p40〜43に具体例があります）

　動きながらリズムをたたき、動きながら歌う習慣をつけましょう。全身、全体で表現することのおもしろさは、体験することによって理解できます。
　お互いの呼吸を合わせることからはじまります。

4 ビデオ録画は効果的

　練習している様子やミニ発表会の場を録画し、後から皆で観るということもとても有効です。
　なかなかできない箇所の練習にも効果的です。身体がやわらかく息づいて、リズミカルに足も手も動き出します。ヒザのクッションを使って、はずむバネのような上下動の中で音楽する（リズムを打つ）ことが、すぐにできます。「身体は呼吸を伴って動く」「息づく身体から音楽が生まれる」ことを実感できるはずです。
　できれば毎回の練習を録画し、次回の冒頭にこのＶＴＲをみんなで鑑賞する──という方法がとれればよいですね。
　「手前の面が曲がっているのに、鏡を責めて何になる！」という、いわゆる"直面させる"ことが大きなステップになります。参加者が"一歩踏み出そう"と思うきっかけになるからです。

5 誰もが主役になる演出

発表する場合、各セクション担当のグループが演じながら、
移動することを考えましょう。
誰でも主役になれることを体験できるような舞台を演出しましょう。

少人数の場合

第2章　映画『千と千尋の神隠し』の主題歌「いつも何度でも」を人間オーケストラで演奏する

大人数の場合

　メトロノーム的な役割をはたすリーダーたちを中央に外向きに配置します。

　指導者は動きまわりながら、微調整役になります。

　音を聞いて合わせるのは時間差によりズレが生じるので、あくまでも身体の動きをお互いに合わせるようにします。

35

6 発表するという目標を持つ

「いつ」「どこで」「だれに向けて」「どんな形式で」くらいのことは
事前に決めておくと、全体の気持ちがもり上がります。
人々の交流とコミュニケーションの成立があればこそ、
人間オーケストラ創りは楽しくなります。

例 ●地域の文化祭に参加する
　　●学校での発表会
　　●他のサークルとの交流会の場で
　　●仲間うちの忘年会のアトラクションで（78ページ参照）

第2章　映画『千と千尋の神隠し』の主題歌「いつも何度でも」を人間オーケストラで演奏する

7 いよいよ発表！

設定：小学校高学年30人クラス　教員1名

映画『千と千尋の神隠し』のテーマ曲である「いつも何度でも」を
人間オーケストラで演奏してみましょう。
私たちが体験した「千人の力」で上演されたものにかなり近いものになるように、
練習の方法、コーラスパート、リズムパターン部分などを書いています。
実際には、練習時間やクラスのことを考えて、自由にアレンジして
挑戦してみてください。

1　歌詞を朗読しましょう

　歌詞を声を出して読み、言葉から歌は生まれ、言葉は「思い」を伝達する重要な要素であることを理解しましょう。

「いつも何度でも」より　詞：覚　和歌子

1.
呼んでいる　胸のどこか奥で
いつも心踊る　夢を見たい

かなしみは　数えきれないけれど
その向こうできっと　あなたに会える

繰り返すあやまちの　そのたび　ひとは
ただ青い空の　青さを知る
果てしなく　道は続いて見えるけれど
この両手は　光を抱ける

※さよならのときの　静かな胸
　ゼロになるからだが　耳をすませる

　生きている不思議　死んでいく不思議
　花も風も街も　みんなおなじ

2.
呼んでいる　胸のどこか奥で
いつも何度でも　夢を描こう

かなしみの数を　言い尽くすより
同じくちびるで　そっとうたおう

閉じていく思い出の　そのなかにいつも
忘れたくない　ささやきを聞く
こなごなに砕かれた　鏡の上にも
新しい景色が　映される

※はじまりの朝の　静かな窓
　ゼロになるからだ　充たされてゆけ

　海の彼方には　もう探さない
　輝くものは　いつもここに
　わたしのなかに　見つけられたから

※印の部分は「千人の力」の上演では使っていません。

2 指導者が歌ってみます

フレーズの歌い方や強弱、息つぎの見本を示します。子どもたちは、楽譜に書いてある必要事項を指導者の「口伝」によって身につけていくことができます。

いつも何度でも
作詞／覚 和歌子　作曲／木村 弓　編曲／たかはしかん

（よんでいる むねのどこかおくで いつも こころおどる ゆめをみたいかな
かなしみは かぞえきれないけれど そのむこうできっと あなたにあえる
くりかえす あやまちの そのた…）

© 2001 by STUDIO GHIBLI.

※ このようにかんたんな音の構成で伴奏した方がよい。

3 ピアノの伴奏

- Ⓐ 主旋律の音のみを単音でなぞります。
- Ⓑ 和音を小節単位でつけていきます。
- Ⓒ ベース音をからませます。
- Ⓓ 副旋律をからませるなどして練習しましょう。

Ⓐ 単音でなぞる

Ⓑ 和音をつける

Ⓒ ベース音をからませる

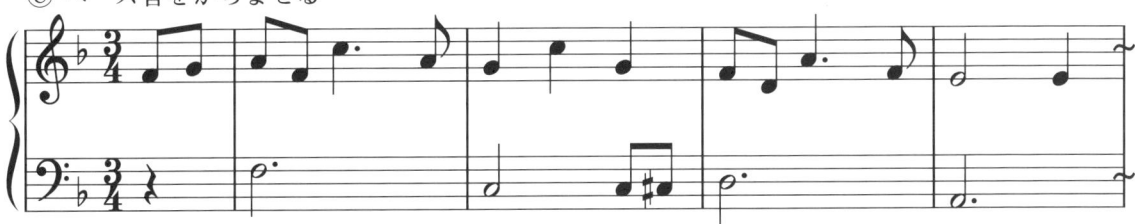

Ⓓ 副旋律をからませる（Ⅱパートをオクターブ下げて加える）

4 ゆっくりめのテンポで練習します

　最初は♩＝80（1分間の拍数）くらいで始めてみましょう。練習を重ね、なれてくるにしたがって発表するときの速さに徐々に近づけましょう。天童市での「千人の人間オーケストラ」の本番ではワルツ♩＝100、サンバ♩＝73くらいでした。

8 演奏は基本のワルツから華やかなサンバへ

「いつも何度でも」の曲は3/4拍子のワルツのメロディーで歌われています。
この曲を、
(A) 楽曲通りのワルツのメロディーで演奏する。
(B) 曲の途中からサンバのリズムに変えて演奏する。
など、演奏方式はいろいろ考えられます。(A)のパターンでも十分コンサート風に演奏でき楽しむことができます。(B)のパターンは3/4拍子から4/4拍子へ途中でリズムが変わったり、その地方の民謡、童謡を入れたりして、劇的な演奏を楽しむことができると思います。

(A) 楽曲通りのワルツのメロディーで演奏する

1番、2番ともワルツのメロディーで演奏します。5つの構成（①～⑤）で曲をアレンジしています。曲全体が静かな心地よい演奏になります。

① 自然界の音

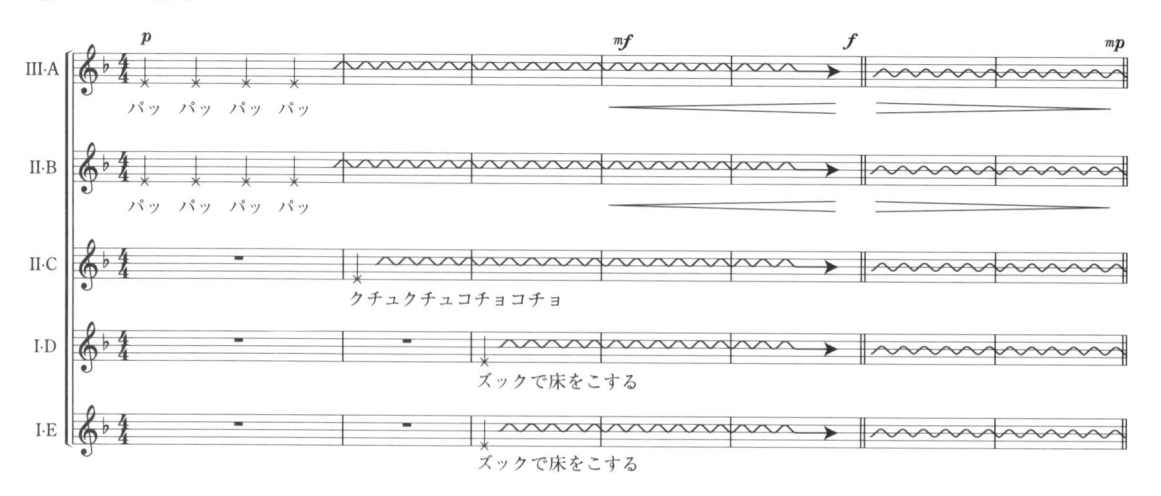

② 5度のハーモニー遊び（イントロ）

③ ア・カペラ三部合唱（1番の前半）＋リズムパターン

[楽譜: I°/II°/III° 3/4拍子、♩=100ぐらいで
I°: （ワルツ合唱スタート）よんでいるむねのどこかおくでいつもこころおどるゆめをみたい
II°: ル
III°: ルル]

④ ア・カペラ三部合唱（2番の前半）＋リズムパターン

⑤ イントロに戻り、rit.and ⌒ で終わる。　　以上（約5分30秒）

(B) 曲の途中からサンバのリズムに変えて演奏する

　1番はワルツのメロディーで演奏し、2番へ移るところからサンバのリズムに変えて演奏します。8つの構成（①～⑧）で曲をアレンジして、1曲の中で「静」から「動」への動きのある、たいへんインパクトの強い躍動的な演奏になります（⑥の民謡のアレンジは省略してもよいでしょう）。

～(A)パターン①、②、③のあとに続けて～
④　サンバのリズムパターン

⑤ 5度のハーモニー遊び

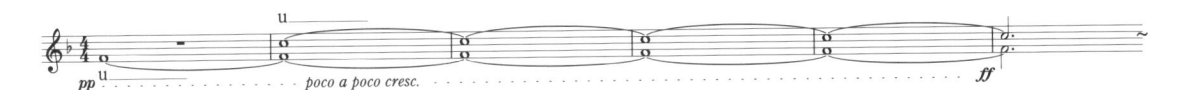

⑥ 民謡のアレンジ

ラ ラ や ま が た　も み ー じ ー の ー ー て ん ど う

エン　ヤコラマカセ　　エン　ヤコラマカセ　　ヨ　イサノーてんどう

⑦ ア・カペラ・コーラス（2番の前半）＋リズムパターン

I°　Zu Za Zu Za　Zu Za Zu Za　Zu Za Zu Za　Za　よん　ているーむね　のーど　こかおーくで

II°　Dui___ Dui___ Dui___ Dui___ Dui___ di di___ Dui___ di di

III°　Dui___ di Dui___ di Dui___ di Dui ZuKaZun Dui　Dui　di di di Dui　Dui

⑧ 楽譜の終わりまで演奏　　　以上（約8分）

【参考譜】
ワルツ編　ア・カペラ三部合唱

いつも何度でも
作詞／覚 和歌子　作曲／木村 弓　編曲／たかはしかん

© 2001 by STUDIO GHIBLI.

第2章 映画『千と千尋の神隠し』の主題歌「いつも何度でも」を人間オーケストラで演奏する

歌詞が書かれていない部分は「ルー」でスキャットする。

9 総スコアを使って練習する

　具体的に「いつも何度でも」のスコアを見ながら練習します（79ページ～）。
　(A)パターンで演奏したい場合は、ワルツ編の第1回から8回までを順に練習してください。(B)パターンで演奏したい場合は続けてサンバ編の第1回から8回までに取り組んでみてください。ここで使っている「音」はあくまでもモデルケースです。自分たちで探した音を使って演奏することもできます。

ワルツ編

第1回　音探し、メロディーを歌う①

> **テーマ**
> ●自分の体を使って、どんな音が出せるか、音を探してみます。指導者はいくつかの音の出し方を提示しながら児童といっしょに音を出します。
> ●みんなで「いつも何度でも」のメロディーを歌います。

1　グループ（A～E）にわかれて体から出る音を探してみましょう。
　例）両手をうち合わせる。手のひらで胸をたたく。
　　　手のひらで体のいろんな部分をこする。
　　　舌打ち足踏み（7ページ「音探し」参照）

2　グループごとに発表しましょう。

3　子どもたちはきっとおもしろい音を次々と探し出すでしょう。グループで発表した音をクラス全員でもやってみましょう。

4　「いつも何度でも」のメロディーをみんなで歌います（44～45ページ、歌詞のあるところ）。耳なじみのメロディーなのですぐ歌えるようになると思います。三部合唱になるのが楽しみですね。

> **step**
> 　次回までに、今回出てきた音以外にどんな音があるか探してくるよう宿題を出しておきます。

第2章　映画『千と千尋の神隠し』の主題歌「いつも何度でも」を人間オーケストラで演奏する

第2回　音探し、メロディーを歌う②

> **テーマ**
> ●前回の宿題、体から出せる音、新しく発見した音を発表します。
> ●体から出す音を使って、私たちの身のまわりにある自然界の音を表現してみます。
> ●みんなで「いつも何度でも」のメロディーを歌います。

1　指導者はいくつかの音の出し方を提示しながら、子どもといっしょに音を出してみましょう。

例）
風の音は…
●口笛をふく。●両手をゆっくりしたり速くしたりしながらこする。
●上着のすそを持ってバタバタバタバタさせる。

霧は…
●ホワー（無声音）　●シー（無声音）

雨の音は…
●口の中でベロを返してみる（雨のしずく）。
●強弱をつけてももをたたく。
●床を手でツメを立ててたたく。
　（15ページ「自然界の音を表現する」参照）

2　グループにわかれて自然の中にある音を体で表現してみましょう。
　　例えば森の中で聞こえる音は？

3　グループごとに発表しましょう。

4　グループで発表した音を全員でやってみましょう。

5　みんなで「いつも何度でも」のメロディーを歌います。
　　2回目なので歌詞もメロディーもよく歌えるようになりましたね。

> **step**
> 次回までに、各グループで今日発表した以外に、2種類の自然界の音を持ちよります。

第3回　ア・カペラ三部合唱

> **テーマ**
> ●3つのパート（Ⅰ、Ⅱ、Ⅲ）にわかれて三部合唱にして歌います。（楽譜44〜45ページ）参考譜を渡し、どのパートにもメロディーラインが入っていること、どのパートも高低はあまりこだわらないで歌える高さになっていることなどを説明します。
> ●前回の宿題、各グループで2種類の自然界の音を発表します（79ページのスコア [1] 参照）。
> ●指導者は音探し遊びの中で出てきた音をメモかビデオに記録しておき、第7回目で曲の最初の部分である「自然界の音」をつくるときの参考にします。　　スコア [7]

1　みんなで「いつも何度でも」のメロディーを歌います。

2　それぞれのパートでメロディーのみ歌い、どのパートが今の主役なのかを知ります。

3　各パートを歌いましょう。歌詞のないところは、「ルー」で発音します。音取りの練習を前半2〜3回くらいずつおこない、徐々に伴奏で他のパートの音をからませてハーモニーに慣れさせます。

4　2パートずつ合わせてみましょう。ⅡとⅢ、ⅠとⅢ、ⅠとⅡのように。

5　3パート合わせてみましょう。ピアノでときどき各パートの音をフォローします。

6　ア・カペラ・コーラスだけでやってみる。

7　後半を同様のやり方で、音取り→2パート合わせる→3パート合わせる→ア・カペラ・コーラスの順に練習します。難しい部分、息つぎの箇所はていねいに練習してください。

8　全体を通しましょう。（伴奏つきで）

9　ア・カペラ・コーラスだけで通してみましょう。

> **step**
> 次回までに各自練習してくること。
> 3人または6人の少人数でも練習してみましょう。

10　自然界の音をグループで発表し、おもしろそうな音を全員でやってみます。

第4回　三部合唱と5度のハーモニー遊び

> **テーマ**
> ●三部合唱をやってみましょう。どのくらい覚えていたでしょうか。
> ●美しいハーモニーで歌えますか？
> ●もう一つハーモニーをつくります。
> 　　　　　　　　　　　　　　　　　　　　　　　スコア ③ ④ ⑤

【コーラスの練習】

1　三部合唱の練習をします。各パートごとに復習し、次にⅠとⅡ、ⅠとⅢ、ⅡとⅢの2パートずつ合わせます。そして、3パート合わせてみましょう。

【ハーモニーの練習】

2　低い音（ファ）と高い音（ド）、二つのグループにわかれます。
　音の出し方はハミングです。
　唇を軽く閉じて、口の中の空間を大きく鼻の穴を大きく開ける感じで　♪m〜〜

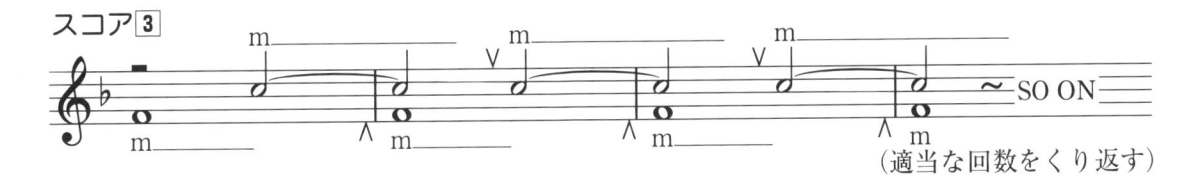

スコア ③

（適当な回数をくり返す）

3　低い音グループで（ファ）の音を出してみましょう。

4　高い音グループで（ド）の音を出してみましょう。

5　（ファ）と（ド）を同時に音を重ねてみましょう。

6　（ファ）と（ド）の音を指導者の指示で交互に出してみましょう。

7 次は「呼んでいる〜」のメロディーで追いかけっこです。u（ウ）の母音で歌ってみましょう。

高い音グループ

低い音グループ

8 指導者の指示で交互に歌ってみましょう。
　長い音のときにのばしながら、もう一つのグループの音をよく聞きましょう。

9 1小節ずつ、ずらす形で歌います。はじめは弱く、ゆっくりだんだん強く速く歌ってみましょう。ふしぎなエネルギーがだんだんたまっていって、世界が大きく開けていくような感じです。

スコア4 5
高い音グループ
低い音グループ

10 スコア3、4、5をつなげてみましょう。

11 スコア3、4、5を三部合唱（44ページ参考譜）を通してやってみましょう。

step
各自で、次にグループごとに三部合唱を練習しましょう。

第5回 合唱とリズムパート、分担して合わせる

> **テーマ**
> ●自分の体を打楽器にして、ワルツのリズムパターンを考えてみましょう。ワルツのリズムは基本的に強・弱・弱という拍子がセットになってそれが連続するものです。
> スコア 6 7

1　第3回でわけたⅠ、Ⅱ、Ⅲのパートごとにリズムパターンを練習します。

リズム1

（左前方で）　左手のひら上で、両手をパチン　左手でヒジをたたくタン　左手で肩をたたくタン　（右前方で）→

（右左を逆にして連続させる）

> **point**
> たたく場所で音が変化します。
> 1拍目で前に出した足の方に体が沈みこみ、この動きからワルツの1拍目の重さを感じることができます。そして、重心の移動により上下左右の動きが出てきます。

リズム2　3/4

（2人組になって向き合う）

お互いの両手を
パチン

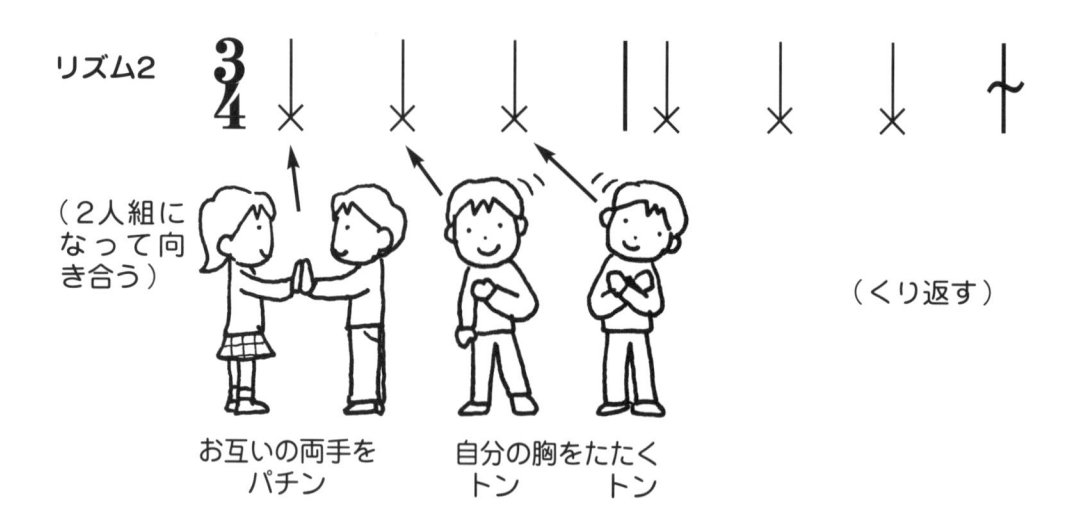

自分の胸をたたく
トン　トン

（くり返す）

> **point**
> 1拍目は「せっせっせー」のときのように向かい合い手を合わせてたたきます。
> 2、3拍目はたたいた胸の側に頭を少し傾けた方が動きが自然ですね。

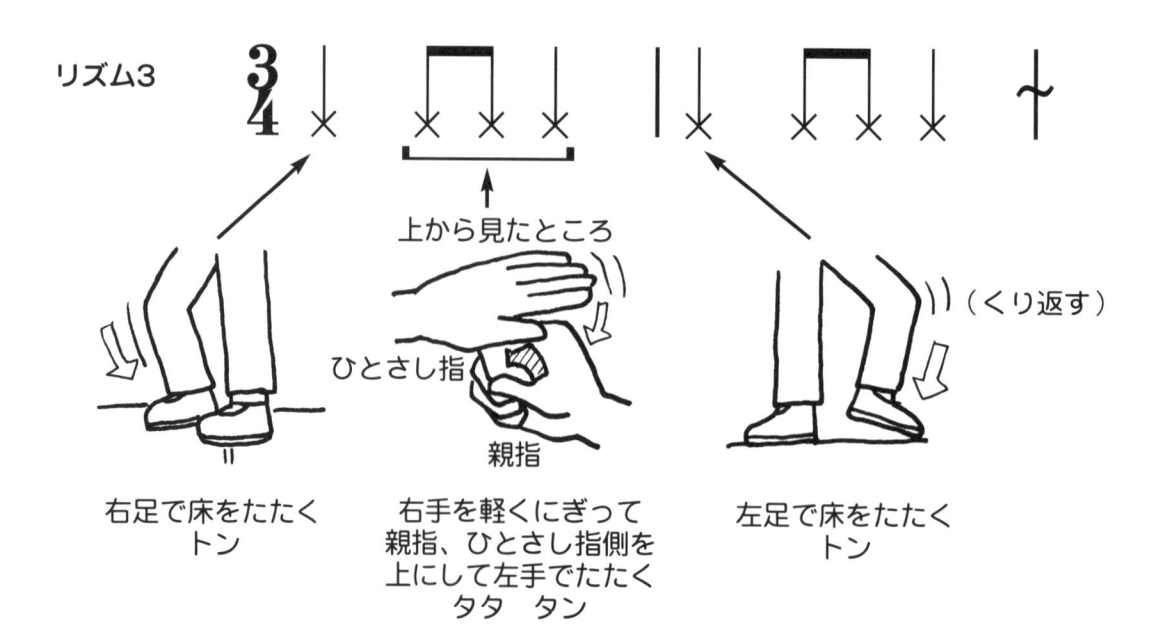

リズム3　3/4

上から見たところ

右足で床をたたく
トン

ひとさし指
親指

右手を軽くにぎって
親指、ひとさし指側を
上にして左手でたたく
タタ　タン

左足で床をたたく
トン

（くり返す）

> **point**
> 手でできた小さな太鼓をたたくようなつもりでやってみましょう。
> 手のひらの空間をどのくらいにしたらよいか、いろいろ音を出してみてください。

第2章　映画『千と千尋の神隠し』の主題歌「いつも何度でも」を人間オーケストラで演奏する

2　グループにわかれて練習してみましょう。
3　グループごとに発表します。
4　全部合わせてみましょう。
　　2小節を1セットとして、1セットずつずらして音を重ねていきましょう。

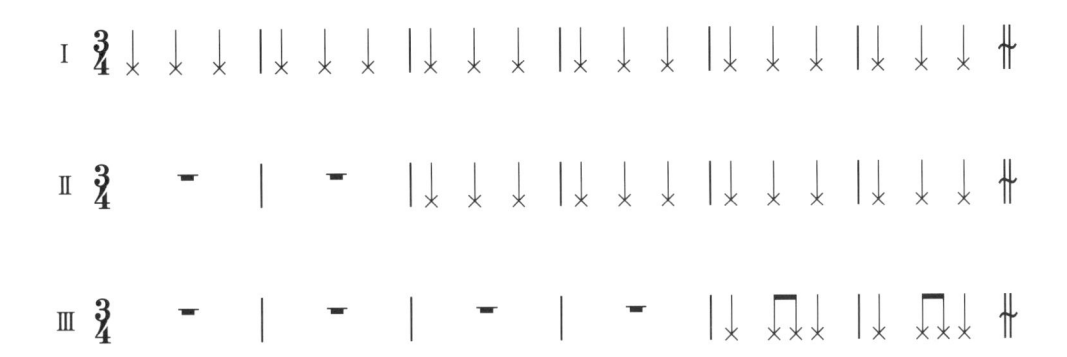

スコア 6 7
5　ワルツの三部合唱をやってみましょう。

6　三部合唱と、リズムパートの二つにわかれて合わせてみましょう（三部合唱15人、リズムパート15人）。

7　役割を交替して合わせます。

step
次回は、歌いながらリズムを打つことに挑戦します。
リズムパターンを練習しておきましょう。

第6回　歌いながらリズムを打つ

テーマ
- ●リズムパターンを復習しましょう。
  各パートのリズムパターンを全員でやってみましょう。そして、身体の使い方、重心の移動などについて、確認します。　　スコア6 7

スコア6 7
1　歌いながら、リズムパターンをやってみましょう。
　合唱Ⅰはリズム1、合唱Ⅱはリズム2、合唱Ⅲはリズム3を担当します。
　パートごとに練習してみましょう。

2　それでは全員で合わせてみましょう。

step
　同時に2つのことをするのは少し難しいかもしれませんが大勢の声とリズムパターンが合わされると楽しいですね。
　次回までそれぞれのパートの歌とリズムパターンを練習しましょう。
　3人か6人の少人数でもやってみましょう。

第7回　前奏部分を練習

テーマ
- ●全体のパートを合わせてみましょう。難しい部分があればチェックして、そこを重点的に練習します。移動などについて、確認します。
- ●前奏にあたるところを完成させます。

1　パートごとに歌いながら、リズムパターンの練習をしましょう。

2　全部のパートを合わせてみましょう。

第2章　映画『千と千尋の神隠し』の主題歌「いつも何度でも」を人間オーケストラで演奏する

【前奏の練習】
3　自然界の音をテーマに第1～3回の音探し遊びの中で出てきた音の中から、3種類の音を使います。クラス全員で音を出すと、どんなふうになるか想像しながら音を選びます。

スコア① ②
自然界の音を表現する

Ⅰ　↓↓↓↓ーーーーー
　　パッパッパッパッ（唇をしっかり閉じてパッ！と破裂音を出す）
　　※呼吸は鼻からのみおこない、口腔内を真空状態にして唇を開閉する。

Ⅱ　↓〜〜〜〜〜（くつで床をこする音）

Ⅲ　↓↓↓↓
　　（手を丸めて口にあてて、「クチュクチュコチョコチョ……」何語かわからない音をしゃべる）

> **point**
> スコア②の少し前あたりから③まで手遊び、おにごっこ、じゃんけんなど、自由な遊びの音を加えていってもおもしろいでしょう。

4　指導者の指示でⅠ～Ⅲまで間隔をおいて始め、だんだんと音を重ねていきます。
　スコア③からは半分が5度のハーモニーを、残り半分が自然界の音を担当します。5度のハーモニーが、だんだん速く強くなるにしたがって自然界の音も強くなり大きく盛り上がったところで同時にcut out！（音を消す）。

> **step**
> 次回のミニ発表会に向けて、三部合唱、リズムパターンなどを練習しておきましょう。
> クラスの気持ちを合わせるようにしましょう。

第8回　全曲を通してミニ発表会

テーマ
- 1番の曲を通してみましょう。
- まだできていない部分があれば部分的に練習してみましょう。　　スコア 1 〜 7

1　前回の復習をしましょう。

　① 自然界の音
　　↓
　② 5度のハーモニー遊び
　　↓
　③ リズム打ちを6小節分
　　↓
　④ 三部合唱とリズムパターン
　　↓
　⑤ 三部合唱とリズムパターン（2番前半）
　　↓
　⑥ 出だしに戻り、静かに終わる。

2　1番の曲を通してみましょう。
3　発表！

step
　発表に向けて、うまくできないところは、部分的に練習しておきましょう。
　演出も考えておきましょう。

第9回　完成〜まとめの発表〜

テーマ
- 全員でワルツ編「いつも何度でも」を演奏しましょう。

point
- **自然界の音**
  テーマ、たとえば風の音、森のざわめきなどを心にイメージしながら、体から出る音を使って、表現してみましょう。

- **三部合唱**
  お互いの声をよく聴き合ってハーモニーをつくり、楽しさを味わいましょう。
  ちょっとした休み時間に少人数（3人または6人）のコーラスがどこからともなく聞こえてくるなんていうのは素敵ですね。

- **リズムの打ち方**
  体をリラックスさせて、ゆったり大きい動きでやってみてください。自分の体が楽器となっていろんなリズムと音色でつくられるアンサンブルを楽しみましょう。

step
楽曲通りワルツのメロディーで演奏できましたか？
華やかなサンバのリズムにも挑戦してみてください。

サンバのリズムって何？

　サンバといえば、情熱的な南米の音楽を思う人は多いでしょう。
　この「いつも何度でも」の2番をより明るく、元気に未来へ向かう力強さを表現するために、サンバのリズムに変えて歌ってみます。
　3/4拍子の原曲から2/4拍子に編曲する（4/4拍子でもよい）。

唱歌「ふるさと」より

う さ ぎ 追 い し か の や ま

⇩

サンバ調にしてみると

メロディーパート

ウ サ ギ　オ イ シ　カ ノ ヤ マ

リズムパート

　リズムパートは細かいきざみを入れておくとおもしろい。
　アクセント記号（>）部分は特にはっきりと大きな音で表現するようにするとよい。

編曲する

　和音づくりやコード進行がわかると、音楽を自由にパターン変化させることは簡単です。

「Believe」のアタマ部分

た と え ば き み が　き ず つ い て　　く じ け そ う に　な っ た

和音進行は　F → C → Dm → Am → B♭ → F → Gm7 →

※「いつも何度でも」のアタマ部分の和音の進行もこれとほぼ同様です

よ ん で い る　む ね の ど こ か お く で

F → C → Dm → Am →

サンバ編

第1回 メロディーをサンバのリズムで歌う

テーマ
- 30人全員で歌っていた「いつも何度でも」の曲を、今度は、サンバのリズムで歌います。
- 歌詞は、2番の前半部分を使用し、指導者が歌ってみせます。　　スコア **9**

1　楽譜はまだ参加者には渡さずに、黒板に歌詞のみをタテ書きにしておいて、2小節ごとぐらいを、口伝の方法で覚えてもらいます。そして、徐々にセンテンスを長くしていきます（すべてメロディー・パートのみ）。

① 1．2小節分を覚え、くり返す。

② 3．4小節分を覚え、くり返す。

③ 「じゃあ、つなげてみよう」
　　1～4小節分を覚え、くり返す（①+②）。

④ 5．6小節分を覚え、くり返す。

⑤ 7．8小節分を覚え、くり返す。

⑥ 「じゃあ、つなげるよ！」
　　5～8小節分を覚え、くり返す（④+⑤）。

⑦ 「では、最初からやってみよう！」
　　1～8小節分を覚え、くり返す（①～⑤）。

> **point**
> このとき、特に4、8小節目の三連音符の連続する部分は、サンバの大事なエッセンスのひとつなので、ていねいに、多めにくり返して練習するとよいでしょう。

2 ピアノの伴奏は、なるべくサンバの雰囲気が出るように、ポップな気持ちを持って、参加者の気分を盛り上げるように工夫してください。

参考譜面では、最小限度、必要と思われる音だけを記しました。
ピアノの右・左の各上下音には、ア・カペラ・コーラス（64～65ページ）のときのⅠ°～Ⅲ°パートの音がかくされているので、少々なれてきたころに、この伴奏形を入れてあげると、よりおもしろさが増すでしょう。
Ⅰ°、Ⅱ°のパートを練習するときも、左手はそのままで、右手でそのパートの音を（オクターブの上下は自由に考えて）ひいて使いましょう（61ページの楽譜参照）。

3 全員が、メロディー・パートをサンバのリズムで歌えるようになったら、次に、各パートごとにサンバ調にしていく練習をします。ワルツのときに覚えた各パートのメロディーを、そのままリズム変化させ、歌詞を替えるだけです。メロディー担当部分も、重複しつつ（通して）歌いましょう。やり方は前出と同じですが、次のように他のパートをからめつつ練習する楽譜（61ページ）を渡します。

第２章　映画『千と千尋の神隠し』の主題歌「いつも何度でも」を人間オーケストラで演奏する

① Ⅲ°パートのイントロから４小節目までを練習。

Dui は ドゥイー
di は ディ
Zu Ka Zun は 無声音で

② Ⅰ°パートとⅢ°パートで、同じ部分（上記①）と合わせて練習する。ピアノでⅠ°のメロディーをカバーしてもよい。

③ Ⅱ°パートの上記①と同じ部分を練習。
④ Ⅱ°とⅢ°の両パートで、やはり上記①
と
　同じ部分と合わせて練習する。
⑤ Ⅰ°Ⅱ°Ⅲ°の各パートを、はじめから
４
　小節目終わりまでを合わせて練習する。（これで三部合唱ですね）

ここまでできれば、あとは、同様の流れ作業です。終盤まで区切りつつ練習してみてください。ただ、サビ部分から終わり近くの部分で、Ⅰ°Ⅱ°パートの言葉のハメ込み（リズム）が少し難しいかもしれませんが、ていねいにくり返し練習してみてください。

4　最初から曲の終わりまでを、2番の歌詞の前半部分を使って、全員で歌ってみます。

5　ア・カペラ・コーラスにトライしてみましょう。

> **step**
> 次回は、各グループ（6名ずつの）でア・カペラ・コーラス（3部でサンバ）ができるように、自主練習の宿題を出しておきます。グループごとに発表することを提案しておくと、モチベーションが一気に上昇します。

第2回　ア・カペラ三部合唱

> **テーマ**
> ●前回の宿題だった各グループでのア・カペラ・コーラス（サンバ調）を、全員でもう一度、再確認しつつ歌ってみます。ピアノを入れたり、ア・カペラ・コーラスにします。曲全体の雰囲気を思い出させます。　　　　　　スコア⑨

1　グループごとに発表し、聴き合ってみましょう。

2　約10分間の自主練習時間をあたえます。練習方法は各グループにまかせます。

> **point**
> お互いのグループの発表を聴き合います。「ほめ合う」「拍手し合う」「静かに集中し」、発表する側に緊張感のあるよい時間と空間を提供します。

3 全員いっしょに、もう一度、サンバ調でア・カペラ・コーラスをやってみます。この日の最初よりは、はるかにお互いの声や役割、存在を意識し合うようになっている参加者たちの"声"は、素敵なハーモニーになるはずです。

4 ここで、既に習得している1番の曲のア・アペラ・コーラスとリズム打ちを復習してみます。そして、サンバにつなげてみましょう。このとき、サンバのパターンに移ったら、軽くステップを踏んでみるとよいでしょう。
　下図のような2歩前進＆2歩後退です。

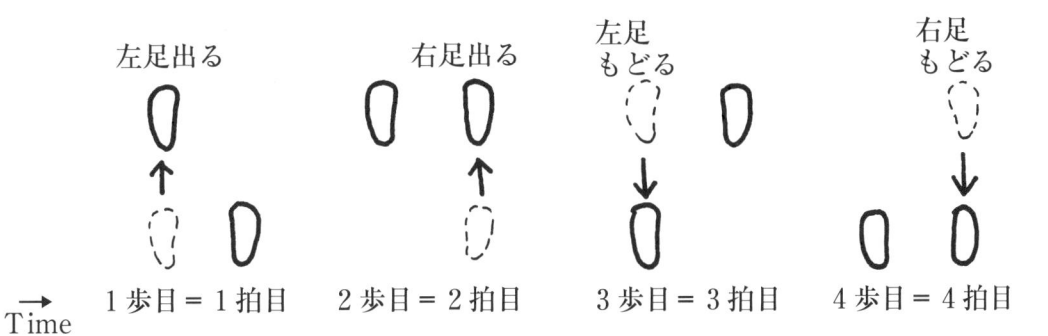

左足出る	右足出る	左足もどる	右足もどる
1歩目＝1拍目	2歩目＝2拍目	3歩目＝3拍目	4歩目＝4拍目

→ Time

このステップでちょうど1小節分ですね。三連音符の連打のところは、子どもがダダをこねるように、左右で交互に地団駄を踏む形がやりやすいようです。休止符（四分休符）のところは上半身を後ろにそらせてヒザのバネを使い、間合いを取ります。

step

次回への課題として、このステップを踏み、身体を動かしながらのア・カペラ・コーラスを、自由にできるようになることを求めます。そして、次回からは、サンバのリズム打ちをスタートすること、そのために大切な「ステップと歌」という重要性も伝えておきましょう。

【参考譜】
サンバ編　ア・カペラ三部合唱

いつも何度でも

作詞／覚 和歌子　作曲／木村 弓　編曲／たかはしかん

© 2001 by STUDIO GHIBLI.

第 2 章　映画『千と千尋の神隠し』の主題歌「いつも何度でも」を人間オーケストラで演奏する

I°
ささやきをきく Pa Pala PaPa Pala Pa Pa Pala PaPa Pala Pa
II°
ささやきをきく こな ごなにくだかれー た かがみのうえにーもー
III°
ささやきをきく こな ごなにくだかれー た かがみのうえにーもー
I°
あ たらしい けしき が うつされ る うつされ
II°
あ たらしい けしき が うつされ る うつされ
III°
あ たらしい けしき が うつされ る うつされ
I°
る うつされ る u wa (ヤーッ!!)
II°
る うつされ る u wa (ヤーッ!!)
III°
る うつされ る u wa (ヤーッ!!)

第3回　サンバのリズムパート

> **テーマ**
> ●A～Eのリズムパートにわかれ、練習します。　　　　　　　　　　スコア⑧

1　サンバ編では、リズムパートをA～Eの5つにわけます。楽譜を全員に手渡し、A～E
　のすべてのリズムパートを、順に全員で練習してみましょう。

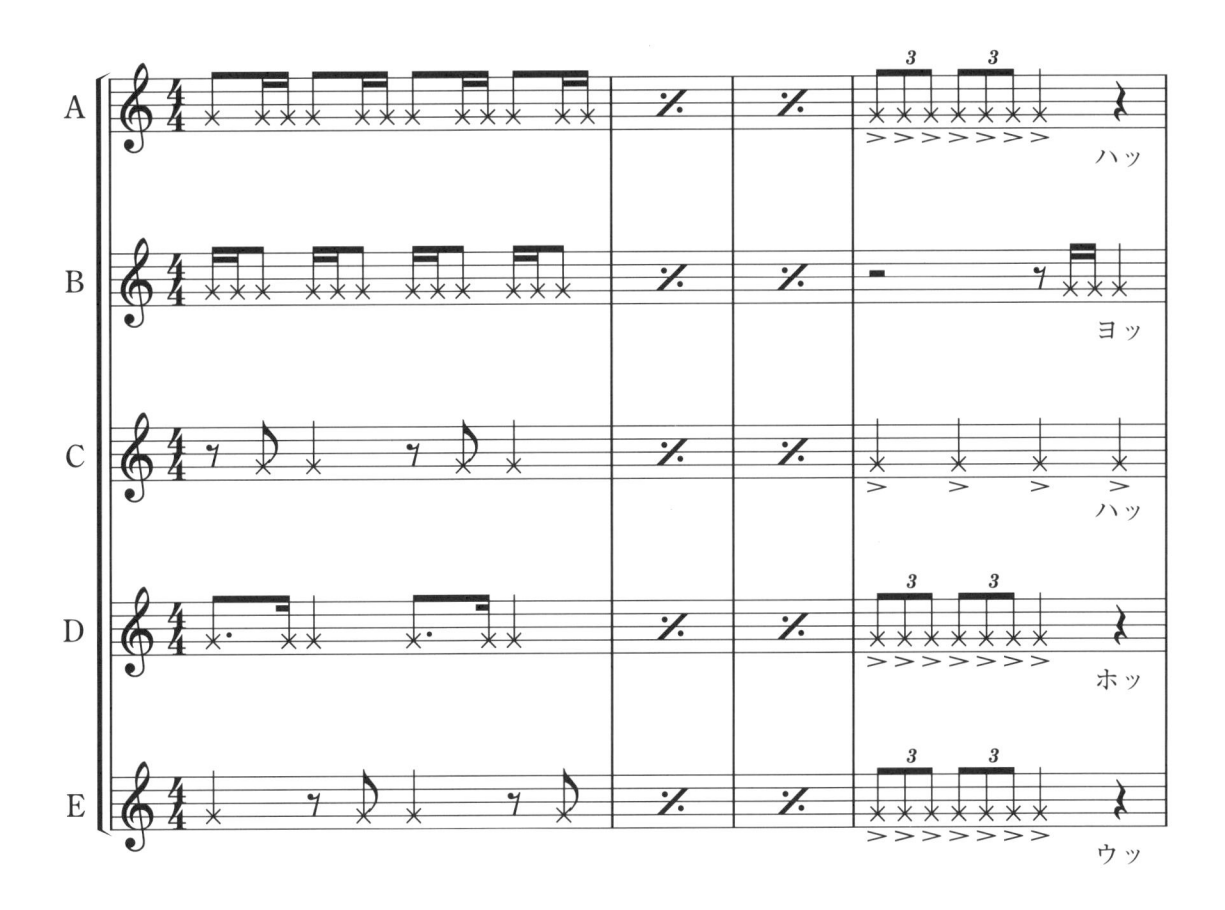

A

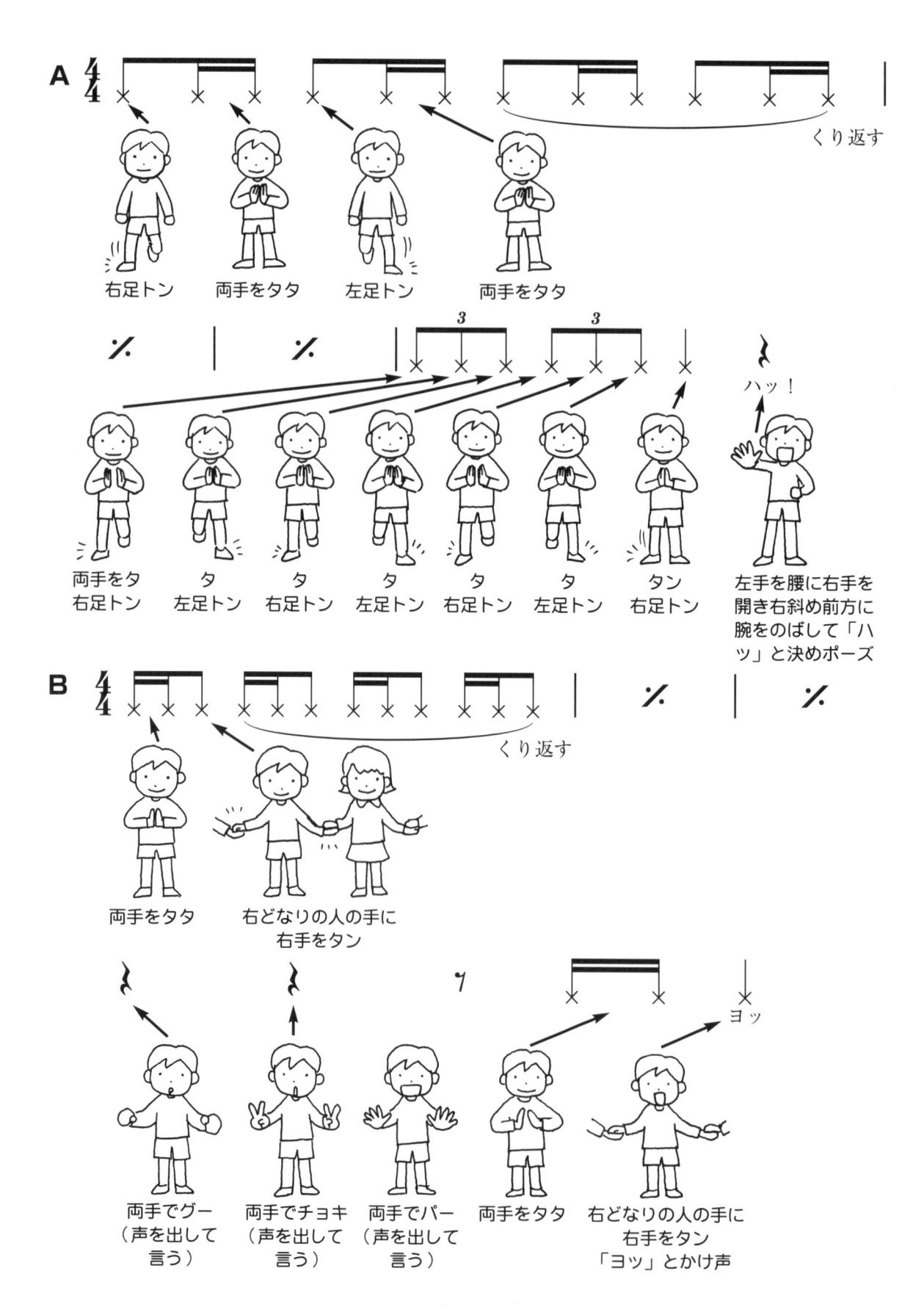

- 右足トン
- 両手をタタ
- 左足トン
- 両手をタタ

くり返す

- 両手をタ 右足トン
- タ 左足トン
- タ 右足トン
- タ 左足トン
- タ 右足トン
- タ 左足トン
- タン 右足トン
- 左手を腰に右手を開き右斜め前方に腕をのばして「ハッ」と決めポーズ

ハッ！

B

- 両手をタタ
- 右どなりの人の手に右手をタン

くり返す

- 両手でグー（声を出して言う）
- 両手でチョキ（声を出して言う）
- 両手でパー（声を出して言う）
- 両手をタタ
- 右どなりの人の手に右手をタン「ヨッ」とかけ声

ヨッ

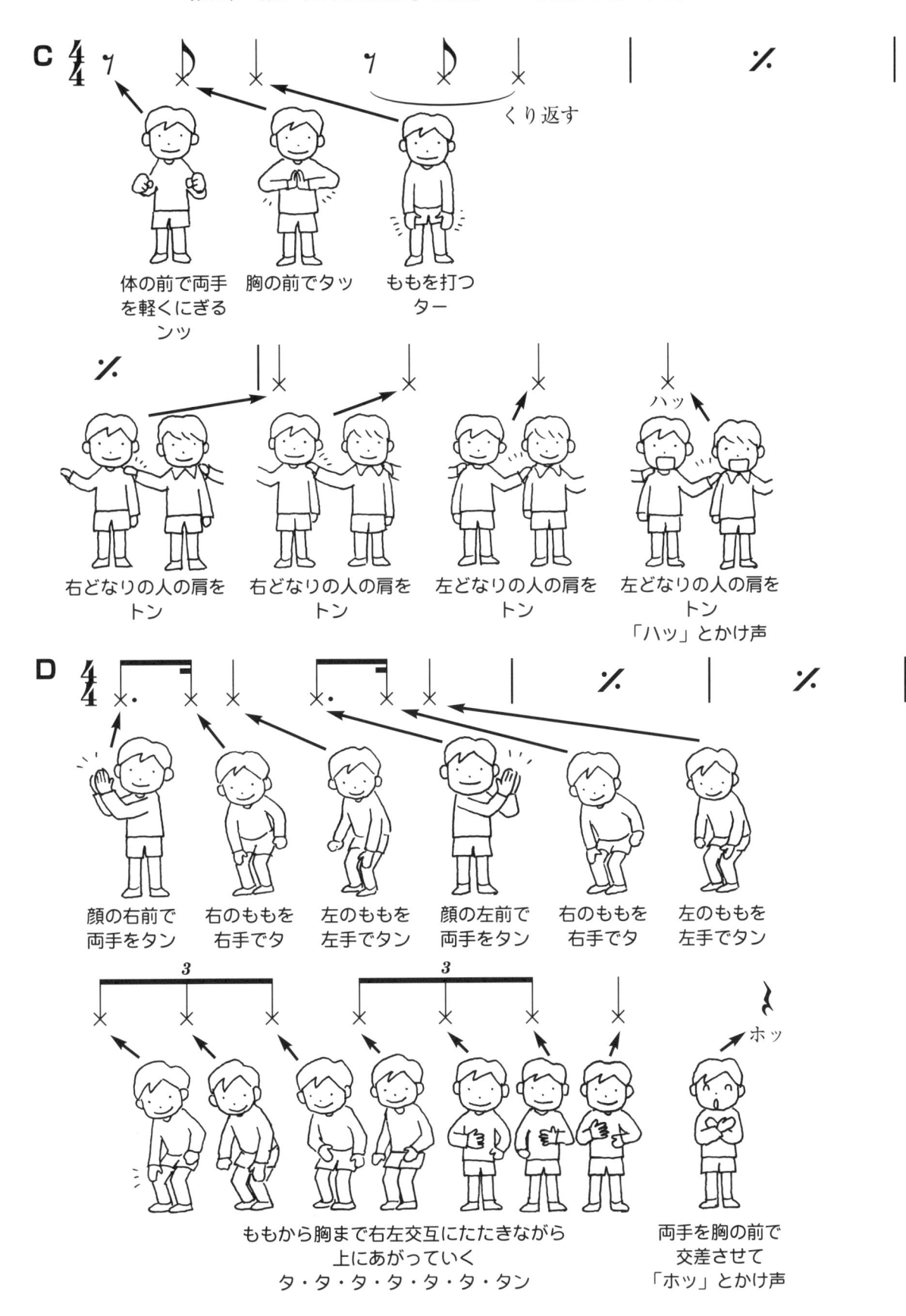

第2章　映画『千と千尋の神隠し』の主題歌「いつも何度でも」を人間オーケストラで演奏する

C 4/4

体の前で両手
を軽くにぎる
ンッ

胸の前でタッ

ももを打つ
ター

くり返す

右どなりの人の肩を
トン

右どなりの人の肩を
トン

左どなりの人の肩を
トン

左どなりの人の肩を
トン
「ハッ」とかけ声

D 4/4

顔の右前で
両手をタン

右のももを
右手でタ

左のももを
左手でタン

顔の左前で
両手をタン

右のももを
右手でタ

左のももを
左手でタン

ももから胸まで右左交互にたたきながら
上にあがっていく
タ・タ・タ・タ・タ・タ・タン

両手を胸の前で
交差させて
「ホッ」とかけ声

E

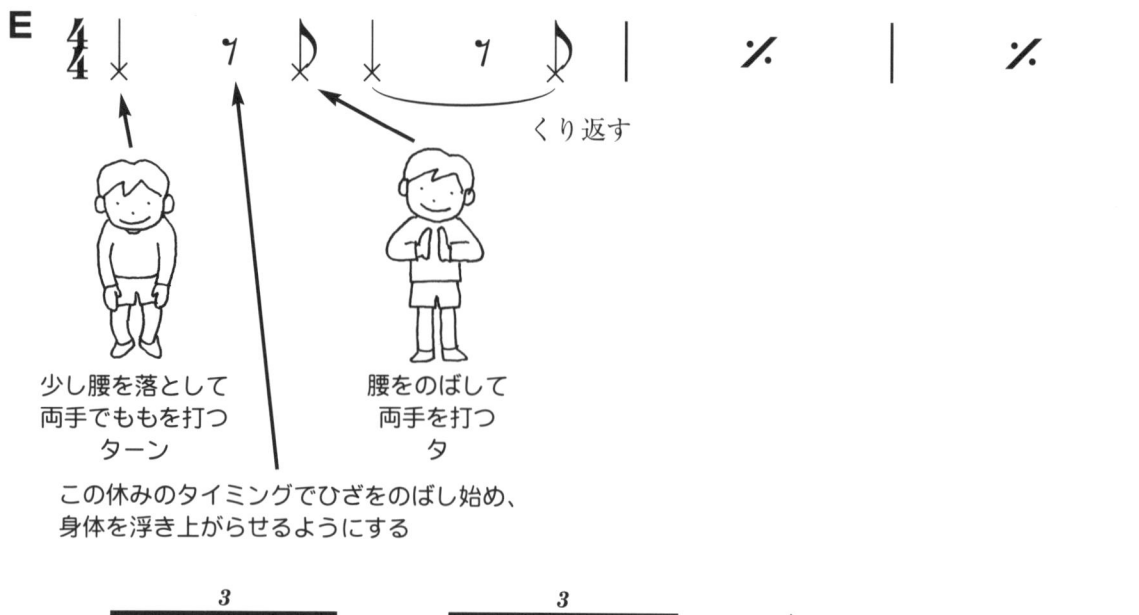

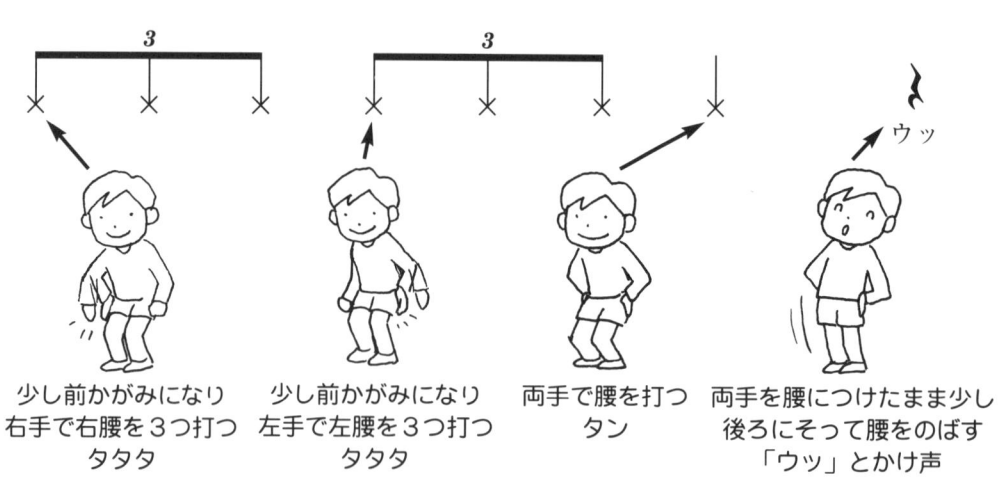

少し腰を落として
両手でももを打つ
ターン

この休みのタイミングでひざをのばし始め、
身体を浮き上がらせるようにする

腰をのばして
両手を打つ
タ

くり返す

少し前かがみになり
右手で右腰を3つ打つ
タタタ

少し前かがみになり
左手で左腰を3つ打つ
タタタ

両手で腰を打つ
タン

両手を腰につけたまま少し
後ろにそって腰をのばす
「ウッ」とかけ声

2　パートごとに、参加者の配置も工夫してから、指導者と対面する形で順次練習してゆきます。当該パート以外の参加者たちは、これを見守っていることが大事です。

3　リズムパートごとにわかれて、自由に練習します。10分ぐらいで充分でしょう。やはり、指導者は、各パートを巡回して助言を与えます。

4　全員が集まり、パートごとにみんなの前で発表します。聴き合うことも重要なポイントです。

5　指導者のリードで、少しずつパートを重ねていってみましょう。
　①Aパート＋Bパート
　②Aパート＋Cパート
　③Bパート＋Cパート
　④Aパート＋Bパート＋Cパート
　…という具合に。15分ぐらいあれば全パートを重ねてみることができると思います。

6　全員でリズム・パートの合奏を楽しみます。このとき、ピアノ伴奏は、サンバを意識させるビートの強いものにしましょう。楽しさを増幅させるように、工夫してください。

> **step**
> 各グループ（A～E）でのリズムパートの発表をします——と提案します。

第4回　リズムパートの発表

> **テーマ**
> ●各グループでのリズムパートの発表をします。　　　　　スコア1～9

1　各グループ（A～E）にわかれて、5分間だけの自主練習（打ち合わせ）をします。

2　グループによる発表をします。みんなでそれを聴き合い、観察し合います。

> **point**
> うまくいかないグループが出たときには、指導者の出番です。ただ、答えをすぐに提示するのではなく、「うまくいかなかったやり方」を、本人たちと他の参加者たちの前で、「指導者が真似て」プレイ・バック状態を見せてあげることが大切です。
> 「こうしたんだよね？」「じゃあ、私がやってみせるこのやり方とは、どこが違っていると思う？」というふうに、参加者たちの「マン・ウォッチング」的な目と耳とにうったえてみてください。きっと彼らの中から、答えを発見する人が出てきます。
> 「見る」「聞く」よりも「観る」「聴く」といった姿勢で、彼らは参加し始めることでしょう。

3　全員でステップ（2歩前進＆2歩後退＝63ページ）を入れて、リズムパートをやります。このときは、指導者を中心にして、ドーナツ状に、または半円形に生徒たちを配置した方が、うまくいきます。

またば

> **point**
> 指導者はメトロノームの役割です。そしてステップの見本であり、サンバ・エッセンスの伝達者です。つまり、踊りながら、身体の向きを自在に変えながら、全員に意識を向けます。きっと、すぐにうれしくなりますから、その思いを身体中からあふれさせましょう。生徒にも、その気持ちは伝わるはずです。

4　1番から、サンバの2番までつなげてみましょう。サンバのときには、ピアノで音楽を入れてあげます。このとき、もし自然発生的に、2番に移ってもコーラスを（歌いつつ）続ける参加者がいたらすばらしいことです。ちゃんとほめて続行させてあげてください。

> **step**
> 「歌いつつ、踊りつつ、リズムパートもやろう!!」
> 各グループでの自主練習が必要なことを伝えておきます。
> ここからあと2回ほどの内容が、一番充実した「総合芸術」的なものを創造してゆく時期になることを、指導者は心得ておきましょう。

第5回 歌いながら、ステップを踏む、そしてリズムを打つ

> **テーマ**
> ●歌いつつ、踊りつつ、リズムパートをしましょう。　　　　　　　スコア 8 9

1　「きっと、難しかったと思うよ……」で始めてください。
　　歌うことを、もっと楽しんでみます。ア・カペラ・コーラス（2番）を再び2〜3度全員でやってみましょう。

2　全体を2組にわけてみます。コーラス組とリズム組にわけて、「合体」してみます。
　　パートの担当を交替して、またやってみます。このとき、コーラス担当の組は、当然、ステップを入れて踊りながら歌います。

> **point**
> 　特にサンバの部分を練習し始めると、生徒たちが自らウキウキと身体を動かし始めると思います。
> 　このとき、ある程度までは解放して、気持ちの向くままに我流の踊りのようにさせてあげたいものです。
> 　そして、ときどき身体にストップをかける動きがもたらす表現のすばらしさを指導者が演じてあげることをおすすめします。
> 　ジャズのスウィングのような、ネコが急に動き出すような、鳥がはばたくときのような……と、例をいくらでも出してみてください。
> 　表現したいものは、その人間の内なるリズム感がすべて吐き出された姿です。

3　全体で、歌もリズムも、踊るような躍動感の中でやります。各々が、すべてを同時進行させますので、最初はバタバタする人も出ると思いますが、数回くり返せば、何とか形になってきます。

> **step**
> 各グループ（5人組）ごとに、これをやってみるぞ、と提案し、自主練習の必要性を伝えておきます。

第6回　各グループごとのミニ発表会

> **テーマ**
> ●各グループで発表します。お互いの成果を鑑賞します。そして、感想を述べ合いましょう。20分ぐらいかかると思います。
> スコア⑧⑨

1　全体でもう一度、思い出すために練習しましょう。歌もリズムパターンもステップもすべて入れた状態です。

2　5人組のグループごとにわかれて、自主練習をやります。10分ぐらいで充分だと思いますが、指導者は、各グループを巡回し、助言をしていきます。

3　各グループで発表します。

4　再び、全員いっしょにサンバを（歌、リズムパターン、ステップを入れて）やってみます。

step

この頃になると楽譜はずいぶん読めるようになっているので、次回用に「つなぎ部分」（スコア上では④からの4小節と⑧からの4小節分）の説明をして、練習してくるように伝えます。

第7回　つなぎ部分の練習

> **テーマ**
> ●編曲でよりいっそう楽しくするために、御当地の民謡やわらべ歌・歌謡曲などの一部分を使ってみることをおすすめします。ここでは、山形県天童市での上演用として、最上川舟歌と花笠音頭を使ってみました。　　　　　スコア⑧〜⑪

1　ワルツ編への導入部分の5度のハーモニーの遊びの楽譜は、思い出しながら歌ってみると、「へえーっ、楽譜に書くと、こんなふうになるのか……」と思う生徒が多いはずです。これは「よんでいる～ぅ」というこの曲の歌い出しのモチーフを使ったシンプルな編曲なので、他の教材とも合体して使えます（スコア④からの4小節分）。

2　「ララ、やまがた……」は花笠音頭の、「エンヤコラ……」は最上川舟歌の、それぞれエッセンスです。2つのパートのかけ合いはテンポよく、美しいハーモニーなので、楽しく練習できると思います。スコア上の最終近くにもまた登場するので、活躍する場面の多いパートです。これは、グループの中の2人が担当すればすみます。

3　全体で最初から通して演奏してみましょう。
　①音遊び
　②5度のハーモニー
　③ワルツ
　④つなぎの民謡など
　⑤サンバ

時間をかけてじっくりと練習した方がよいでしょう。生徒たちが、次の展開に対して心身の準備が間に合わずに、モタモタする場面が必ず出てきます。ていねいに部分と部分の接続する周辺をとくに練習しましょう。
　④民謡の前（スコア⑧の2〜7小節）にもう一度5度のハーモニーが出てきます。ここでは、5度のハーモニーを重ねてもサンバのリズム打ちだけでもどちらでもよいでしょう。

4　5人組ずつのグループにわかれての自主練習をしてみます。人数が少なすぎて、迫力に欠けます。「全体を2組にして、練習してみよう」と提案し、次回への課題とします。

> **step**
> 2組にグループわけしたら、次回にそれぞれで発表し合うことを告げておきます。自主練習の必要性を説きます。

第8回　発表のリハーサル

> **テーマ**
> ●全曲を通してみましょう。
> 　まだできていない部分があれば練習しましょう。

1　全員で2～3度、最初から最後までを通して練習してみます。10分ぐらい必要でしょう。

2　2組に10分間だけ自主練習をやってもらいます。指導者は、それぞれを細かく観察しておきましょう。きっと集団が大きくなったときと、グループのときとの違いが見えます。

3　2組で発表し合います。モタついても、途中で止まってしまっても、最後まで演奏するようにします。

4　「外部の人に観せる、聴かせる、発表する！」ということを提案します。
　学校の中での昼休みや放課後に、体育館などで「発表会」を企画しましょう。
　また、第1回の練習が始まる前からこれを目標として掲げておくのも、モチベーションを高めるにはよいと思いますが、生徒にとってスケジュールやできあがり具合がプレッシャーになるようでしたら、この時期に突然提案するのがよいでしょう。

> **step**
> 　発表するにあたり、企画・渉外・スケジュールのプランニングを指導者は率先してしましょう。衣装などのプランニングも、みんなで相談してみるとさらにモチベーションが上がるでしょう。

5　「何のためにやるのか？」「誰に、何を伝えたいのか？」などの問いかけをして、各グループごとにディスカッションさせ、発表し合うことも、モチベーションを高める有効な手段です。

6　これからの発表へ向けての数日間は、参加者たちは、タレントであり、スターです。主役としての緊張感を感じつつ数段の成長を遂げることでしょう。

第9回 完成～ついに発表～

テーマ
- 全員で全曲を通して（ワルツ編からサンバ編まで）演奏してみましょう。
- 人前で発表します。
  緊張感のある中での、全員で創り上げる「人間オーケストラ」の最終形を体験すること自体が、生徒たちにとって大切なのです。

point 【指導者の留意点】

舞台、客席などは精いっぱいショウ・アップしましょう。

生徒たちをセット・アップしてあげましょう。今日までの努力のふり返りや、待っているお客さんたちのことを伝えます。

終わったら「私も楽しかったぞ!!」「この喜び、楽しさを誰かに伝えた体験は、君たちの心と身体に染みついているから宝物にして欲しい!!」など、自身の本音をストレートに参加者に伝えます。

最後に「楽しませてくれて、ありがとう!」は忘れずに。

10 全員で「いつも何度でも」を人間オーケストラで演奏する

　全校生徒が参加して人間オーケストラを演奏してみましょう。6年生が核になり、16〜17回の練習でスコアを全部演奏できるようにします。その間、ワルツ、サンバのリズム打ちを覚えたら、各パートにわかれて、1〜5年生に教えにいきます。また、全校での練習時にも各パートにリズムや動きを伝えるリーダーの役割をしてもらいます。

　なかなか思うようにいかず苦労するはずですが、なんとか短いパートごとの練習時間の中でコミュニケーションをとり、必要なことを伝えることができるはずです。

　自分の役割がはっきり理解できると、表現しようとする意欲が湧いてきます。

●役割分担

　自然界の音　全員
　5度のハーモニー遊び　6年生
　ワルツ　ア・カペラ・コーラス　6年生
　ワルツ　リズム打ち　1〜5年生
　　　　　　　　　　　6年生より選抜「お立台」で動きの見本を示す
　サンバ　ア・カペラ・コーラス　6年生
　サンバ　リズム打ち　1〜5年生
　　　　　　　　　　　6年生より選抜「お立台」で動きの見本を示す

●練習

　6年生　16〜17回（週2回として約2ヶ月間）
　ワルツ、サンバのリズム打ちを覚えたら2回くらい、グループにわかれて1〜5年生へ教える。

●全校生徒での練習　2〜3回

●全校発表

総スコア

I°, II°, III° …… 合唱パート
I, II, III………… ワルツリズム打ちパート
A, B, C, D, E … サンバリズム打ちパート

いつも何度でも

作詞／覚 和歌子　作曲／木村 弓　編曲／たかはしかん

4
I°
II°
(メロディーの追いかけっこ) Poco a poco accell.
そしてさらに早く強く!!
III°
u
III·A
II·B
II·C
I·D
I·E

5
6
♩=100ぐらいで
I°
II°
III°
cut out
(一瞬の静寂のあとに)
III·A
f
II·B
(リズムの打ち方はP. 51〜53を参照)
II·C
(リズム打ちスタート)
I·D
I·E

第2章 映画『千と千尋の神隠し』の主題歌「いつも何度でも」を人間オーケストラで演奏する

82

第2章　映画『千と千尋の神隠し』の主題歌「いつも何度でも」を人間オーケストラで演奏する

(くり返しは全部ルルで)

84

第2章　映画『千と千尋の神隠し』の主題歌「いつも何度でも」を人間オーケストラで演奏する

I°
II°
III°
III·A
II·B
II·C
I·D
ホッ
I·E
ウッ
(民謡) ララやま が ー た　も み ー じ ー の ーー
ff
エン ヤコラマカセ　エン ヤコラマカセ
グー チョキ パー ヨッ
ハッ
ホッ
ウッ

第2章　映画『千と千尋の神隠し』の主題歌「いつも何度でも」を人間オーケストラで演奏する

I°
ゆめをえがこう
Dui di di
Dui di di
II°
ゆめをえがこう
かなしみのーかず をーい
いつくーすより お
III°
ゆめをえがこう
Zukuzun Dui
Dui di di di Dui
Dui
III·A
ハッ
II·B
グー チョキ パー ヨッ
II·C
ハッ
I·D
ホッ
I·E
ウッ
I°
Dui di di
そっとうたおう
La la la
II°
なじーくちび るーでー
そっとうたおう
La la la
III°
Dui Dui di di di
そっとうたおう
Zukuzun Za Za Za とじ
III·A
ハッ
てんどうてんどうてんどうハッ
II·B
グー チョキ パー ヨッ
てんどうてんどうてんどうヨッ
II·C
ハッ
てんどうてんどうてんどうハッ
I·D
ホッ
てんどうてんどうてんどうホッ
I·E
ウッ
てんどうてんどうてんどうウッ

第2章　映画『千と千尋の神隠し』の主題歌「いつも何度でも」を人間オーケストラで演奏する

I°
Pa Pa la Pa Pa Pa la Pa Pa Pa la Pa Pa Pa la Pa
II°
ごなにくだかれーた かがみのうえにーーもー
III°
ごなにくだかれーた かがみのうえにーーもー
III·A
II·B
II·C
I·D
I·E

I°
あたらしいけしきが うつされ
II°
あたらしいけしきが うつされ
III°
あたらしいけしきが うつされ
III·A
ハッ
II·B
グー チョキ パー ヨッ
II·C
ハッ
I·D
ホッ
I·E
ウッ

第2章　映画『千と千尋の神隠し』の主題歌「いつも何度でも」を人間オーケストラで演奏する

あとがきにかえて

　理論から実践（演習）へ——というのが、学校教育の現場での常道のようですが、楽しみを共有するための音楽や、イベントの場合は、実践、体験が重要です。段階を踏みながら、それぞれのステップの中で楽しみを共有し、実践としてのなぞ解きをしましょう。
　人と人との直接的なコミュニケーションを抜きにしては喜びは得られません。
　最後に、天童市の「千人の力」に参加したときの体験や苦労を紹介します。
　クラスでの人間オーケストラをおこなう際や、イベントに参加するときなどに参考になればさいわいです。

2ケ月で創った「千人の力」

　短大の学生が中心になって参加して欲しい、という話が持ち込まれたのは収録予定日の2ケ月前。幼稚園の先生や老人介護の仕事などを目指している学生たちにとって、自分の体だけから出る音を使って表現・演奏するという体験は、将来仕事の上できっと役に立つと考え、音楽の授業の一環として参加する事にしました。
　1000人もの参加者をどうやって集めるのか、練習はどのくらい必要なのかわからない。さらに、台本は何もなしの状態でしたが、「これはみんなで楽しめそうだ、とにかくやりながら考えてみよう」と始めたのでした。

でき上がりの形は誰にもわからない

　合唱曲や交響曲のようにがっちりできている楽譜を基に練習していくのではなく、みんなでアイディアを出し合いながら創り上げていきます。ですから、どんな風になるかはできてからのお楽しみぐらいに、気を楽に取り組んでみてはいかがでしょう。

「教える」ことは難しい！

　将来指導者となって人の前に立つ学生たちに、人に教えるという体験もさせたいと考え、音楽愛好会や職場（駅、市役所）などに「学生出前指導」に出かけました。
　学生たちは、頭ではリズムをわかってもなかなか身体がついていかなかったりする方々に思うように教えられなくて四苦八苦していました。
（3連符の例）

タ タ タ タ タ タ タ　これを
3 ＋ 3 ＋ 1　の7コと覚えてしまう人が多かった。
と教えなくてはならなかった。

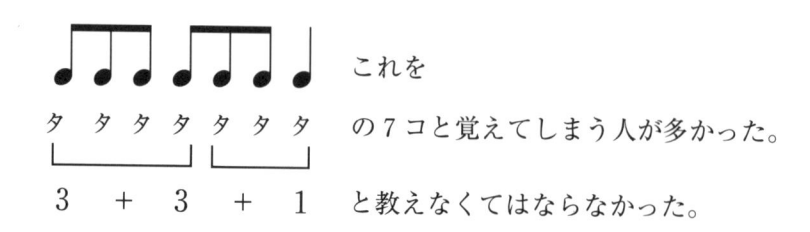

学生たちが、参加してくれる人に伝えるんだという使命感は、彼らを成長させたと思います。できない人もいて、でもそれが社会！ なんとかいっしょに船に乗って行こうと相手を受け入れることを学んだはずです。

台本や編曲はこのようにして

井上ひさし氏のこまつ座のように座付き作家・演出家のコンビがやったようなもの。①スタート・タイトル、②おおまかな中身、③本番日程だけ決めてから、どんどん書いて創り直していきました。
- ワルツ版、ア・カペラ3部コーラスのアレンジには3日間
- それをサンバ・バージョンへの再アレンジには2日間
- 全体の音（効果音）を加え、民謡エッセンスを挿入したのは、編曲しながら発想したので10日ほど
- 総スコアにしたのは2～3日

アイディアはグループで

グループ内での話し合いはまず、小さな社会のはじまり。

核（core）を作る

音楽の専門家が指揮してうまくいくのは当たり前。「千人の力」では指揮者を置かず学生に全体の指揮者の役割をしてもらうことにしました。そのために100人の学生で2グループの核（core）を作りました。
「お立ち台21人組」
リズムセクションの見本を示し、全体の司令塔となりました。収録本番日、初めて会場に集まった参加者1000人にうまくテンポと動きを伝えるのが大事な役目です。参加者全員から見える位置に立ちました。彼らの活動のポイントは、「笑顔・テンポ・大きめの動作・上下動・左右動」。
「熱狂サンバ79人組」
5つのリズムセクションの最前列に立ち、前半ワルツの部分でグループをリードし、後半のサンバでは移動して集団となり、声と動きで全体の雰囲気を大きく盛り上げる役割です。彼らの活動のポイントは「笑顔・テンポ・勢い・上下動・左右動・息を吐く・大きな声」。
指導者はポイントでのキュー出し、テンポチェック、合唱パートのキュー出しなど「黒子」の役割でした。

指導者の関わり方

彼らの感性を刺激していろんな表現を引き出すのが指導者の大きな役割。指導者の言葉かけに「ああこれか！」とピンとくるとアイディアはどんどん出てきました。
自分たちが考えたアイディアがたくさん入った作品を演奏して楽しくないはずがありません。
指導者は彼らのアイディアを整理しながら全体の構成・演出を考え台本を作り、さらに学生

（生徒）の演奏能力を見きわめて、必要に応じて演奏しやすい形に作曲、編曲しました。

指導・演出・演奏に当たってのキーワード

●創ってゆく過程を楽しもう。
●人に教える事の難かしさや、それができたときの喜びを味わおう。
●でき上がった作品は自分たちの今の姿として受け入れよう。
●ナマ音の持つ不思議な魅力を、弱音（pp）に不感症気味な自分たちの耳と心に命を与えて感じよう。

どうして『千と千尋の神隠し』なの？

　年齢・性別・職業・音楽の経験など、さまざまな天童市民1000人が集まることが予想されました。みんなが知っているもので、共感の得られやすい題材をと選んだのが当時大ヒット中の映画『千と千尋の神隠し』の主題歌「いつも何度でも」のメロディーでした。

素材を選んだら、味つけはみんなで、
好きなものを何でも入れちゃえ！

　エンディングは大きく盛り上がりたい、それには3拍子の「いつも何度でも」を、にぎやかなお祭りのサンバ風に編曲しようということになりました。
　さらに、市民参加者から曲の中に地元の民謡を使えないかという要望があり、山形県を代表する民謡のモチーフが入りました。
　（素材）自然界の不思議な音、子どもの遊び歌、5度のオスティナート（音形やモチーフが対位法的に画一的にくり返し出てくること）「いつも何度でも」、最上川舟歌、花笠音頭

服、はき物も全部楽器です

　着ている服、はいているズックや靴、床の素材、部屋の大きさなどいろんな条件が音の強さや音色に影響します。音のバランスを大事にしながらアンサンブルを創ってみましょう。
　例えば、ズックをはいた足踏みの音が強すぎれば人数を減らしてみたり、
　　　　ズックを脱ぐなど、いろいろ工夫します。

おおうけだったサンバ「肩こり」「腰痛」バージョン

　（具体例　お母さんコーラスの練習で盛り上がった話。）
　最終的に本番で「これを使う」になるかどうかは別として、身体でリズムを打つことになれていない人々に指導する場合は、「肩たたき」「腰伸ばし」「盆踊り」「ウッフン！」などの形で指導者がリードするとよいでしょう。すると爆笑しつつもやること、まねること！！　本番ではやらなかったバージョンも楽しい経験としてお互いの記憶に残ります。

【編著者紹介】

髙橋 寛（たかはし かん）
山形県生まれ。
東京芸術大学音楽学部声楽科卒業。'81〜'82、イタリアに留学。
現在、「みゅ〜じ館」代表。羽陽学園短期大学専任講師。
音楽集団「みゅ〜じ館」を主宰し、全国各地へコンサートを宅配している。クラシックのみならず童謡、ポピュラーとジャンルを問わぬテノール歌手として、コンサート出演のほか、作曲、編曲、声楽や合唱の指導、俳優のボイストレーニングなど、幅広い活躍をしている。ポリシーは「コミュニケーションの手段としての芸術」。
演出作品　J.シュトラウス/オペレッタ「こうもり」（1999年）　など
CD　『髙橋寛 テノールリサイタル』（横浜SOUND）
　　『ポチャッコの童謡シリーズ』（日本クラウン）　など

田中ふみ子（たなかふみこ）
山形県生まれ。
山形保育専門学校勤務を経て、現在、羽陽学園短期大学教授。
大学でピアノと「表現」の指導の傍ら、幼稚園・小・中・高校でのスクールコンサート、室内楽、声楽の伴奏、合唱指揮等の音楽活動を行なっている。
著書
現代幼児教育研究シリーズ第9巻『感性と表現』（チャイルド本社）
魂をゆさぶる表現Vol.4『自己表現力を引き出すための「表現」教育』（STUDIO-ONE）など
連絡先　羽陽学園短期大学内　田中研究室
　　　　〒994-0065　山形県天童市清池1559番地
　　　　電話 023-655-2385　FAX 023-655-2844
　　　　Eメール　nakata-u0157@uyo.ac.jp

本文イラスト●藤田章子　　　ブックデザイン●渡辺美知子デザイン室
楽譜制作●株式会社アルス ノヴァ　　編集協力●持丸恵美子

人間オーケストラ　体は楽器だ！

2002年11月11日 第1刷発行
2003年11月11日 第2刷発行

編著者●髙橋　寛・田中ふみ子Ⓒ
発行人●新沼光太郎
発行所●株式会社いかだ社

〒102-0072 東京都千代田区飯田橋2-4-10 加島ビル
Tel. 03-3234-5365　Fax. 03-3234-5308
振替・00130-2-572993
印刷・製本　株式会社ミツワ

日本音楽著作権協会（出）許諾第0213250-302号
乱丁・落丁の場合はお取り換えいたします。
ISBN4-87051-123-1

●いかだ社の本

おり紙たこ&カイト ワンダーランド かんたん！よくあがる！ベスト26
土岐幹男編著　B5判96ページ　定価（本体1500円+税）

ハッピークリスマスマジック だれでもできマス！楽しめマス！
藤原邦恭著　A5判96ページ　定価（本体1300円+税）

スーパースクール手品 子どもと楽しむマジック12カ月
奥田靖二編著　B5判96ページ　定価（本体1400円+税）

小学校1年生 学習と生活の基礎・基本 伸びる・育つための土台づくり
奥田靖二編著　A5判128ページ　定価（本体1600円+税）

まるごと小学校学級担任BOOK 1年生～6年生（全6冊）
奥田靖二編著　A5判各152ページ　定価各（本体1800円+税）

これだけは教えたい 算数 新学習指導要領から削除された［教科書にない］重要内容とは
和田常雄著　A5判128ページ　定価（本体1600円+税）

これだけは教えたい 理科 新学習指導要領から削除された［教科書にない］重要内容とは
江川多喜雄編著　A5判128ページ　定価（本体1600円+税）

科学で遊ぼ おもしろ実験ランド クイズQ&A70
江川多喜雄編著　A5判200ページ　定価（本体1800円+税）

科学で遊ぼ 台所は実験室 ふしぎなことがよ～くわかる14章
江川多喜雄編著　A5判144ページ　定価（本体1800円+税）

人体のふしぎ 子どものなぜ?に答える科学の本
江川多喜雄編著　A5判152ページ　定価（本体1800円+税）

校庭の科学 生きもの観察ランド 四季の草花・虫 さがしてみよう 調べてみよう
江川多喜雄・関口敏雄編著　A5判152ページ　定価（本体1800円+税）

まるごと小学校展覧会BOOK つくる・飾る・みる みんなで楽しむ作品展
奥田靖二編著　A5判152ページ　定価（本体1800円+税）

算数わくわく楽習（がくしゅう）ランド クイズ&遊び&ゲーム70
和田常雄編著　A5判176ページ　定価（本体1800円+税）

体育遊び・ゲーム ワンダーランドPART.1／PART.2
黒井信隆編著　A5判192ページ（PART.1）／152ページ（PART.2）　定価各（本体1800円+税）

水遊び&水泳 ワンダーランド スイスイ遊べて泳げちゃうベスト81
黒井信隆著　A5判176ページ　定価（本体1800円+税）

障害児の遊び・ゲーム ワンダーランド 校庭・室内、どこでも楽しい 体育遊びベスト87
竹内進編著　A5判196ページ　定価（本体1800円+税）

学級担任ライブラリー 学級の遊び・ゲーム ワンダーランド 授業や行事にも役立つベスト50
奥田靖二編著　A5判128ページ　定価（本体1400円+税）

おり紙ヒコーキ ワンダーランド やさしくおれてよく飛ぶ19機
戸田拓夫著　A5判100ページ　定価（本体1300円+税）

おり紙シアター ワンダーランド 紙1枚で演じる不思議な紙しばい
藤原邦恭著　B5判96ページ　定価（本体1400円+税）

おり紙マジック ワンダーランド 紙1枚であなたもマジシャン
藤原邦恭著　B5判96ページ　定価（本体1400円+税）

おり紙メール ワンダーランド 紙1枚がびっくり手紙に大変身
藤原邦恭著　B5判96ページ　定価（本体1400円+税）

四季の遊び 全4巻 ❶春の遊び ❷夏の遊び ❸秋の遊び ❹冬の遊び
ごくらくとんぼクラブ編　A5判各96ページ　定価各（本体1350円+税）

バラエティーカット集 全3巻 ❶給食&保健カット ❷春夏秋冬草花カット ❸スーパー立体カット
B5判各96ページ　定価各（本体1800円+税）

使い方いろいろデザイン・カット集 全3巻 ❶春夏ランド ❷夏秋ランド ❸秋冬ランド
B5判各128ページ　定価各（本体1800円+税）

中学校&小学校高学年デザイン・カット集 全3巻 ❶春夏ランド ❷秋冬ランド ❸冬春ランド
B5判各112ページ　定価各（本体1800円+税）